元宇宙是什么

王 磊 ◎ 著

中华工商联合出版社

图书在版编目(CIP)数据

元宇宙是什么 / 王磊著. —北京：中华工商联合出版社，2022.4

ISBN 978-7-5158-3405-4

Ⅰ.①元… Ⅱ.①王… Ⅲ.①信息经济 Ⅳ.①F49

中国版本图书馆CIP数据核字（2022）第063962号

元宇宙是什么

作　　者：王　磊
出 品 人：李　梁
责任编辑：胡小英
装帧设计：回归线视觉传达
责任审读：李　征
责任印制：迈致红
出版发行：中华工商联合出版社有限责任公司
印　　刷：香河县宏润印刷有限公司
版　　次：2022年5月第1版
印　　次：2022年5月第1次印刷
开　　本：710mm×1000mm　1/16
字　　数：200千字
印　　张：13.5
书　　号：ISBN 978-7-5158-3405-4
定　　价：58.00元

服务热线：010—58301130—0（前台）
销售热线：010—58302977（网店部）
　　　　　010—58302166（门店部）
　　　　　010—58302837（馆配部、新媒体部）
　　　　　010—58302813（团购部）
地址邮编：北京市西城区西环广场A座
　　　　　19—20层，100044
http://www.chgslcbs.cn
投稿热线：010—58302907（总编室）
投稿邮箱：1621239583@qq.com

工商联版图书
版权所有　侵权必究

凡本社图书出现印装质量问题，请与印务部联系。

联系电话：010—58302915

前言

一场即将到来的大迁徙

互联网的发展经历了几个阶段：接入阶段、内容阶段、应用阶段和服务阶段。

在接入阶段，即通过互联网把消费者、生产者、销售者联系在一起，马云创业之初的"黄页"就是一个非常典型的例子。

在内容阶段，简单的"黄页"联结已经远远不能满足市场需要了，于是涌现出了一大批搜索引擎类产品，如雅虎、搜狗、谷歌等，逐渐形成了"内容为主、服务为辅"的形态，联结变得更加多元化。

在应用阶段，除了各种各样的互联网网站，又出现了内容流型的社交网络，比如微博、QQ等，可以为用户提供多种信息块和信息流，人与人之间的联结变得更加丰富。

随着互联网在线即时通信工具的快速发展，网络中人与人的"交互"变得更加方便、快捷、高效，移动APP成为新一轮风口，互联网逐渐进入服务阶段。

不难发现，用户也在随着互联网的发展而不断迁徙，从搜索引擎到各种网站，再到各种APP，从论坛、贴吧到小红书、知乎等社区，从简单图文到公众号自媒体再到各类短视频，实际上，用户一直在互联网上迁徙。

如今，随着互联网、移动互联网发展的见顶，一场新的大迁徙即将到来。那么，用户会迁徙到哪里去呢？如果把整个互联网发展进程看作一条坐标轴，那么，传统网络则处于坐标轴左侧，是过去时态或者进行时态，而元宇宙则处于坐标轴的右侧，是未来时态。很显然，在不远的未来，用户会大规模涌入元宇宙这一新领地。而随着用户的迁徙，今天的互联网、移动互联网必然会成为明日黄花。

历史照亮未来，发展未有穷期，站在互联网朝着新阶段发展的历史交汇点，我们身后是已逐渐远去的传统网络历史，我们将面对的是元宇宙繁荣发展的曙光！

目 录

第一章 元宇宙，开启下一代互联网新形态

1. 元宇宙，移动互联网的继承者 / 2
2. 头部互联网厂商纷纷布局元宇宙 / 4
3. 未来是属于元宇宙的新时代 / 7
4. 从国家到个人生活的一场重塑 / 10
5. 向实扎根、向虚而生的元宇宙 / 13
6. 一个基于技术的虚拟世界正在建立 / 15

第二章 发展回溯，纵观元宇宙的前世今生

1. 一部科幻作品中的新概念 / 20
2. 精准把握元宇宙发展的六大特质 / 22
3. 临界点到来，开启"二次进化" / 25
4. 2021年是元宇宙的元年 / 27
5. 元宇宙的推动者们正在行动 / 29
6. 六大要点，展现元宇宙发展方向 / 31

第三章　技术基础，元宇宙的到来并不遥远

1. 游戏技术：更接近元宇宙的存在 / 36
2. 芯片技术：虚拟世界的"核芯" / 38
3. 网络通信技术：元宇宙发展的依托 / 40
4. 虚拟现实技术：打破虚实壁垒 / 42
5. AI技术：元宇宙的主流应用技术 / 45
6. 区块链技术：元宇宙的经济机器 / 48
7. 显示技术：感知交互不断深化 / 50
8. 数据和算力：元宇宙的强大支撑 / 52
9. 科幻照进现实，元宇宙已来 / 54

第四章　七大层次，纵横交错的元宇宙架构

1. 基础设施层：支持设备及相关技术 / 58
2. 空间计算层：消除虚实之间的障碍 / 60
3. 去中心化层：自己掌控数据所有权 / 62
4. 人机互动层：数字孪生的深层应用 / 64
5. 创作者经济层：每个人都是创作者 / 66
6. 发现层：进入元宇宙的多样化入口 / 68
7. 体验层：突破想象的体验触手可及 / 70

第五章　生态形成，缤纷多彩的元宇宙世界

1. 元宇宙+政务，虚拟国家与虚拟政府 / 74

2. 元宇宙+数字货币，重塑商业与经济 / 76

3. 元宇宙+区块链，一个"四维"的世界 / 77

4. 元宇宙+5G，"杀手级应用"即将诞生 / 79

5. 元宇宙+XR，虚拟现实的再一步升级 / 81

6. 元宇宙+大数据，一切都会变成数据流 / 83

7. 元宇宙+3D引擎，3D内容需求即将爆发 / 85

8. 元宇宙+算法，智能化的元宇宙大脑 / 87

9. 元宇宙+商业，从市场到消费的大变革 / 89

10. 多样的业态，构成元宇宙的生态系统 / 91

第六章　行动指南，摸清元宇宙的产品逻辑

1. 元宇宙时代的产品 / 96

2. 沉浸感：沉浸感强的产品将是刚需 / 98

3. 身份感：好产品可以强化虚拟身份 / 100

4. 低延迟：元宇宙中一切都是同步的 / 102

5. 多元化：更丰富、更多样化的选择 / 103

6. 无限感：无时无界，随时随地沉浸 / 105

7. 经济系统：一切都可以是数字化的 / 107

8. 情感需求：虚拟世界的真实社交 / 108

第七章　应用场景之政务层面的大变革

1. 元宇宙应辐射全民和所有政务组织 / 112

2. 元宇宙的基建工作依托政府主导 / 114

3. 行政区划要作为元宇宙的"基站" / 116

4. 元宇宙的无限极分层、高度渗透 / 119

5. 政务、党务管理正在数字化和网络化 / 121

6. 数字中国、数字城市，变革已经开始 / 124

7. 元宇宙大背景下的"政府"新形态 / 126

第八章　应用场景之科幻式的医疗与健康

1. 在虚拟空间中实现看病全流程 / 130

2. 在线机器人教练将成为个人标配 / 132

3. 数字监测，健康每时每刻都清晰 / 133

4. 预防式的"健康保健"成为重点 / 135

5. 人类与电子器官将会同步进化 / 137

6. 虚拟式上班少奔波，工作更轻松 / 139

7. 全民医疗数据汇聚，决策更科学 / 140

第九章　应用场景之截然不同的商业领域

1. 元宇宙将给企业带来什么变化 / 144

2. 元宇宙会给消费者带来什么改变 / 146

3. 元宇宙对商业供应链的升级改造 / 148

4. 元宇宙时代的企业营销知多少 / 151

5. 各行各业与元宇宙的碰撞火花 / 153

6. 元宇宙给行业管理带来大机遇 / 155

第十章　应用场景之文旅行业的颠覆式发展

1. 打造文旅行业新业态 / 160

2. 旅游也能够足不出户 / 162

3. 虚实结合，更多资源，更好体验 / 164

4. AR广泛应用，文化产业的数字化 / 167

5. 拥抱元宇宙，解决文旅行业痛点 / 170

6. 5G+AR智慧景区，新业态已然到来 / 172

第十一章　应用场景之打破虚实界限的社交

1. 元宇宙带来现实生活场景的虚拟化 / 178

2. 虚拟现实的工作空间，工作更高效 / 179

3. 虚拟场景让学习、教育更身临其境 / 181

4. 数字孪生：联人，联圈，联世界 / 183

5. 虚拟中的动作，会对现实产生影响 / 185

6. 虚实之间的界限必然会越来越模糊 / 188

第十二章　应用场景之游戏行业进入AR/VR时代

1. 游戏是最接近元宇宙的行业之一 / 192

2. 让游戏的体验变得更棒 / 194

3. 人人都是游戏主角 / 196

4. 游戏中的货币将与现实货币统一 / 198

5. 参与游戏也是一种重要的生产力 / 200

6. 游戏将会被元宇宙赋予社会意义 / 202

后　记 / 204

第一章

元宇宙，开启下一代互联网新形态

1. 元宇宙，移动互联网的继承者

2021年11月，虚拟游戏平台 Sandbox 上的一块虚拟土地以 430 万美元的价格售出，再次引爆了"元宇宙"。随后，2021年11月23日，知名歌手林俊杰通过推特账号宣布：在 Decentraland 上买了三块虚拟土地正式涉足元宇宙世界。他购买的这三块"地皮"据估算花了大约 12.3 万美元，约合人民币 78.3 万。

2021年12月26日，元宇宙文旅首期沙龙在北京拉开了帷幕。本次沙龙在全联旅游业商会的指导下进行，与会者秉承着践行新发展理念、建设美丽中国的初心，表达了面向未来、助推文旅转型升级的强烈愿望，将积极推动业界以元宇宙文旅平台为载体，用最新数字化技术助力文化旅游新业态打造，挖掘优秀传统文化之美，传承华夏历史之神韵，通过 AR 等数字技术重新定义文旅体验，让文化更轻盈，让旅行更美好，为文化强国、文化自信贡献力量，让璀璨的中华文明生生不息。元宇宙文旅开创者方天圣华亦借此开启"2022年城市文化挑战赛"城市报名通道，为即将拉开帷幕的城市文化挑战赛精选主办城市群。此外，方天圣华还在现场发布了第一只"元宇宙熊猫",它将在线上以实景交互讲解中国传统文化和红色文化的形式与公众见面。

元宇宙究竟是什么?为什么在现实中不存在的虚拟土地都能够售出如此高价?甚至价格远远超过现实中的土地!元宇宙更好的应用是否从文旅开始?是用在游戏方面?还是用在文化方面更有现实意义?

近年来,元宇宙这个话题,越来越频繁地出现在大众的视野中。不管是互联网领域、金融领域,还是创业领域、投资领域,不管是大公司们的动向,还是知名商业人士的访谈,元宇宙无处不在。

英伟达宣布为元宇宙建立提供基础的模拟和协作平台;日本社交平台GREE开展元宇宙业务;微软正努力打造"企业元宇宙";Facebook改名为元宇宙(Metaverse)一词中的Meta……

一大批科技公司在元宇宙领域争相布局,不少金融、投资机构也积极参与其中。这种积极投资元宇宙商业现象的背后,隐藏着深层次的原因。

流量见顶,移动互联网进入瓶颈期。经过二十多年的发展,中国的互联网行业从PC端到手机端,从互联网到移动互联网,直到今天这种流量的跃迁已经完成,且移动互联网流量见顶,已经进入发展的瓶颈期。中国互联网络信息中心发布的第48次《中国互联网络发展状况统计报告》显示:截至2021年6月,我国网民规模达10.11亿,已经几乎不存在"新用户、新客户"了。

随着中国社会老龄化、新生人口快速下降,移动互联网编织的数字版图不仅难以再扩张，还会面临因用户数量萎缩而带来的版图收缩。在这种情况下，寻求突破成为一件迫在眉睫的事情。

从历史唯物主义角度来看，经典互联网在时间性上已达极限，元宇宙为经典互联网增加了空间性维度，它将赋予用户时空拓展层面上的全新体验、价值，为用户创造沉浸式、交互式、更多感官维度的体验将是元宇宙的技术主脉络。

元宇宙在内容载体、用户体验、场景、传播、互动等方面都会做出新尝试，通过增加用户体验的维度，孕育出新的内容形态，帮助互联网、移动互联网摆脱内卷化的负向循环，重新唤起大众对其内容形态的兴趣度和黏性。从这个角度来说，元宇宙是移动互联网的继承者，它将开辟一个全新的大陆，通过技术手段建立的全新规则，将具备强大的竞争力。

2. 头部互联网厂商纷纷布局元宇宙

2021年，被称为元宇宙元年，其标志是2021年3月，元宇宙第一股Roblox在纽交所上市。Roblox，一家沙盒类游戏公司，专门服务于儿童和青少年群体，在创始人Baszuki看来，"Roblox是一个3D社交平台，你和你的朋友可以在其中假装身处不同的地方。你可以假装在参加时装秀，或者假装你在龙卷风中生存，或者你是一只鸟，靠捕虫生存。就像我小时候，我会出去玩海盗游戏。在 Roblox 上，人们在社区创建的 3D 环境中玩耍。"

在接受《福布斯》杂志采访时，Baszuki 表示希望建立一个想象力的终极平台，在云中创建一个身临其境的 3D 多人游戏平台，让人们可以一起想象、创造和分享他们的体验。

Roblox 和人们意识中对游戏公司的认知并不相同，公司不从事制作游戏的业务，而是通过提供工具和平台，给开发者提供自由的想象空间，从而创作形成沉浸式的 3D 游戏。从每个人都有唯一的数字身份用于社交，到 Roblox 的货币可与真实货币转换，再到支持 VR 设备增强使用者的沉浸感……尽管 Roblox 只是一家游戏公司，但这些元素与元宇宙都有很强的相似性，可以毫不夸张地说，Roblox 构筑的 3D 游戏世界，是目前与元宇宙最为接近的"世界"之一。

元宇宙萌芽至今，经历了短暂而又曲折的发展。

第一阶段：早在 2014 年，元宇宙行业就开始发展，Facebook、微软、索尼、三星、HTC 等纷纷入局元宇宙领域，并促使元宇宙行业出现了第一个阶段性的发展高潮，在 2015 年到 2016 年，元宇宙的市场热度是空前的。

第二阶段：随之而来的低谷，让元宇宙的发展暂时陷入半停滞状态。

2016年，VR、AR非常火热，但遗憾的是，这种火热只是昙花一现，由于其技术发展仍然处于初级沉浸阶段，被人们视为"鸡肋"，元宇宙的火热现象被归于泡沫。

第三阶段：伴随着技术的发展，呈现复苏状态。从2019年开始，元宇宙开始逐渐走出低谷逐渐复苏，这得益于VR、AR技术的不断发展和5G的广泛部署，尤其是Facebook推出的Oculus Quest，人们在产品体验上有了跨越式的发展，到2020年，VR、AR产业链的各个环节不断成熟，Facebook推出了Oculus Quest2，引发了一波强劲的消费级VR设备需求，加之2020年新冠疫情的影响，很多线下场景逐渐数字化，为元宇宙的再次发展做好了铺垫。

第四阶段：元宇宙迎来发展新纪元。2021年元宇宙第一股Roblox成功上市，再次掀起了元宇宙的发展高潮，一大批头部互联网厂商纷纷在元宇宙领域布局。

从国际上来看，Facebook、微软等早已经在元宇宙领域布局，2021年纷纷再次重点"加仓"元宇宙。2021年7月，Facebook创始人扎克伯格宣布将成立元宇宙项目团队，最终目标是在5年后将Facebook完全转型为"元宇宙"公司。2021年9月，微软CEO Satya Nadella在演讲中提出了"企业元宇宙"这一新概念……

从国内来看，腾讯、字节跳动等众所周知的互联网头部企业，也纷纷投身元宇宙的热潮之中。早在2012年，腾讯就在Roblox上市前进行了投资，还曾购入 Epic Games 超 40% 的股份，用于打造社交、直播、电商等全业务领域的元宇宙生态。字节跳动在元宇宙领域也不甘落后，斥巨资收购 VR 公司 Pico。爱奇艺、快手等也纷纷布局元宇宙，不少互联网公司集中注册元宇宙商标，2021 年以来"元宇宙"相关的商标申请信息超过了 240 条。由此不难看出元宇宙的火爆程度。

随着头部互联网厂商的踊跃布局，必然会带动一大批中小企业以及大批个人的跟进，可以预见的是，元宇宙必然会迎来一个繁荣的发展黄金时期。

3. 未来是属于元宇宙的新时代

当前，我们正在被各种各样的屏包围：手机屏、平板屏、电脑屏、电视屏、车载屏……在一个处处是屏幕的时代，视频早已经成为一种主流的传播方式。

在互联网发展早期，读图被视为贬义概念，大众认为它会对人的思维和思考方式会产生负面影响，但随着各类智能终端和移动互联网的快速普及，连昔日媒体一哥的电视也开始进入视频融媒体时代。

在我国70周年国庆阅兵活动中，中央广播电视总台就推出了视频动图，据统计，国庆70周年庆典活动直播中，电视端总收视规模达7.99亿人次，总台自有新媒体平台和第三方合作平台总体阅读浏览量达45.98亿次，其中视频直点播收看次数超过3.93亿次。今天，电视与视频的边界正日渐模糊，跨时空、跨平台的大视频时代正朝我们呼啸而来。

视频的传播方式是"face to face"，这种传播方式是最接近传播初始形态的，也是比文字、图画更易被大众所广泛接受的更优质、更高级的传播载体。当今几乎所有媒体机构都高度重视视频，可以说"无视频，不传播"，在商业领域，"无视频，不生意"已经成为现实，视频成为创造体验经济的主战场。

今天，图文的二次元表现方式已经远远不足以满足人们对商品或服务的要求，在商业领域打破图文二次元传播为主的商业模式是一种必然，不断提升的网络传播速度，不断升级的大数据分析技术，五花八门的视频平台等，为"视频"这种三次元表现方式的崛起创造了条件。

2020年初，新型冠状病毒性肺炎疫情暴发，"视频""直播"这种三次元的商业形式迎来了爆发式增长。但令人感到唏嘘的是，到了2021年底，不管是"短视频"还是"直播"，似乎都迎来了发展的拐点。

一大批短视频原创者停更或在停更的路上，直播带货的主播们纷纷陷入了"销售量不及坑位费"等商家的负面声讨中，加之国家对直播行业的规范化管理，曾炙手可热的短视频、直播迎来降温。这意味着，移动互联网的下半场盛宴已经见顶。

在这种大背景下，科技巨头正在寻求下一代互联网新的增长极，新一轮的产业轮动周期已经开启。

2021年，VR硬件出货量超过1000万台，这与2003年的智能手机出货量是基本相当的。移动互联网的发展与智能手机的不断普及是同步的。作为元宇宙的重要入口，VR硬件的出货量与元宇宙的发展必然是同步的。

有专业机构预测：2022年VR的硬件出货量会达到3000万台，到2024年将会超过一亿台。VR硬件的逐渐普及，会为元宇宙带来新用户，从而催生元宇宙新内容的产出，倒逼后端基建、底层架构、人工智能、5G发挥作用，并正反馈于内容端，刺激内容、应用生态的进一步爆发。

元宇宙，是移动互联网的继承者，未来，我们将迎来一个崭新的时代，一个属于元宇宙的3D时代，一个科幻走进现实的瑰丽时代。

4. 从国家到个人生活的一场重塑

对于中国互联网而言，这是一个超预期的时代，当中国网络遇到全球性的数字浪潮，旧问题进入了大灭绝时代，但是新问题却进入了"寒武纪大爆发"。便利和困境，是在同一个时空里发生的。

在全球的网络空间里，中国网络是新秩序的倡导者和引领者，具备成为全球网络领导者的潜质。在这个伟大的时代里，5G、人工智能、区块链等新技术，将构建起一个崭新的更加便利、安全、高效的和谐社会，但机遇与挑战并存，在拥抱机遇的同时也会涌现出一大批新问题、新困境。

互联网发展带来的繁花锦簇，其背后的困境也应该被更多人看见。只有真正去正视中国网络的现状与面临的困境，才可能真正寻求到问题的解决之道。

人工智能、云计算、大数据、虚拟现实、物联网等技术的涌现，见证着新一轮信息技术革命的爆发，数字时代已经到来，几乎所有领域都在发生"数字蝶变"。在规模越发庞大的数字经济中，几乎每一个现实中活生生的人，都会在网络世界中孪生出一串串数据，安全成为网络发展的一个伴生问题。

华住旗下酒店涉及1.3亿用户信息在暗网上被公开叫卖、某犯罪团伙非法控制老年机330余万台被抓捕、英国航空公司40万客户数据泄露被罚款2000万英镑、因用户隐私问题Facebook认领50亿美元天价罚单……近年来，随着互联网和移动互联网的快速发展，关于网络安全的问题也越来越突出。

一部部小小的手机，在黑客、犯罪分子的眼中，就是一个个装满黄金的仓库，手机里边装载着我们的位置信息、支付信息、个人照片、工作信息、财产信息、社交关系、家庭情况、消费信息、出行路线等，对于个人来说，网络带来的安全隐患不容忽视。

除了对个体有影响之外，网络安全隐患也会给企业、政府等社会组织带来难以预知的灾难。英国数据分析企业剑桥分析公司因盗用8700万份Facebook个人资料最终破产倒闭；美国中央情报局前职员爱德华·斯诺登爆料美国国家安全局（NSA）自2007年起开始实施的棱镜计划（PRISM）在美国政界引起轩然大波……

在网络安全的问题上，不管是高官政要、巨富商贾还是平民百姓，不管是个人还是企业、政府，没有人可以置身事外。

"信息孤岛""数据壁垒""信息茧房",当诸如此类的词汇,越来越多地出现在论坛、知乎等网络社交领域时,企业互联网孤岛化正在被更多人看见,这是一个令人感到稍许安慰的好现象。

"海量信息"一直是互联网最富有魅力和吸引力的所在,然而伴随着互联网信息的几何倍数增长,一个诡异又必然的现象出现了,个人只会浏览自己感兴趣的内容,企业只会关注自己需要关注的信息,在海量的信息中,我们主动自愿地编织出了一个像蚕茧一样的密闭空间,再也接触不到"信息茧房"之外的信息,每个人、每一个企业在网络中都是一座孤岛,孤岛与孤岛之间的联结变得越来越困难,"夏虫不可语冰"的信息流通困境正在不同的网络空间上演。

既解决网络安全问题,又建立起没有壁垒、没有边界、没有"信息茧房",人与人、人与物的联结将会比今天的移动互联网更自由、更多元的网络互联世界,可以预见的是,元宇宙将会开启一场从国家到个人生活的重塑之旅。

5. 向实扎根、向虚而生的元宇宙

尽管不少头部互联网厂商纷纷在元宇宙领域布局，抢占先机，但当前的元宇宙，仍然处于混沌期，简单来说也就是认知建立期。即便是极富想象的科幻小说家，也很难把未来元宇宙的景象描绘细致。

站在元宇宙发展的起点，我们怎样去理解这一抽象的新事物呢？向实扎根、向虚而生，这八个字可以很好地解释元宇宙的特点。

（1）向实扎根

元宇宙，并不是一个存在于想象中或文学作品中的概念，它是有着扎实的现实技术基础的。

一是通信技术的迭代，使得元宇宙有了从科幻走进现实的可能。2009年，工信部批准3G牌照，10年后的2019年，工信部批准5G牌照，如今全国5G基站的建设正在大范围铺开，截至2021年3月，我国已经建成5G基站超过81.9万个，占全球70%以上，建成全球规模最大的5G独立组网网络，网络切片等新型技术开始商用。从目前的情况来看，中国在元宇宙领域的发展具有先发优势，这对于广大中国企业来说，是一个不可多得的发展机会。

二是区块链、大数据、物联网、数字孪生、5G、人工智能、数字货币等技术的不断发展和成熟，催生了基于多种新技术整合的新型虚实相容的互联网应用和社会形态，为元宇宙的实现奠定了坚实的技术基础。

三是VR、AR等硬件设备已经具备了相当的市场规模，Meta旗下的Oculus Quest2销量已达到1000万台。这一数量对于元宇宙的发展来说，是里程碑式的，1000万用户是"生态系统爆炸式发展"的关键门槛，这是互联网行业的共识，也是互联网PC端、移动互联网手机端经过事实检验过的结论。IDC等机构的统计数据显示：2020年全球VR/AR市场规模约为900亿元。预计全球虚拟现实产业规模会呈现快速增长态势，到2024年，VR和AR的市场规模有望均达到2400亿元。这意味着，元宇宙并非水中花、镜中月，而是有着客观的现实基础，是能够实现的愿景。

（2）向虚而生

如果说元宇宙是一棵正在不断生长的大树，那么现实已经具备的各种技术条件则是供其扎根生长的土壤，它的枝干和树叶则朝着"虚拟"世界不断生长、衍生、扩展。

元宇宙是向虚而生的，这主要体现在它未来会给人们提供的服务上。以网络游戏为例，在目前的互联网中，我们在游戏中交互的内容基本上是由软件工程师、创作者、原画师等真实的自然人设计和渲染出来的，是固定不变的；但在元宇宙中，我们交互的内容将会变成像现实生活中一样是"活的"，就像《黑客帝国：觉醒》整个游戏中的城市，不管是在玩家的视野范围内建筑，还是在其视野范围内，道路上的行人、车辆都会在 AI 的驱动下不停地演算"生活"，与元宇宙不同的是，在元宇宙中玩家是可以通过输入规则或特定指令，参与到这个演算的数据流中，让整个城市被新指令重新定义。

这只是元宇宙虚拟现实的冰山一角，总的来说，在元宇宙中，一切与我们互动的内容都将是动态的、身临其境的，与真实的现实世界是没有明显界限感的，届时虚拟和现实之间的边界将会变得越来越模糊，出现虚拟即现实、现实即虚拟的科幻场景。

6. 一个基于技术的虚拟世界正在建立

近年来，随着智能家居、智能音箱、遥感技术、语音识别等技术的发展，科幻正在逐渐走进现实。"小度小度，打开窗帘/电视/空调""Siri、Siri，讲一个笑话/唱一首好听的歌……"如今，不少追求潮流、时尚的年轻人，纷纷迷上了智能家居，一个智能音箱，依靠语音就可以实现多种家电的智能联动，从开关家电到拨打紧急联系电话，智能音箱的功能正在变得越来越强大。

智能家电，让人们的生活变得更加智能化、科技化。在下班前，轻轻点击手机，就可以提前开启家中的空调、热水器、扫地机器人等，回到家就能立即享受到适宜的温度、干净的环境和温度适宜的洗澡水。

未来，随着元宇宙的发展和智能可穿戴设备的普及，手机将会消失，万物互联后，处处都是终端面板，通过识别指纹、虹膜、脸、基因等唯一性的生物特征的智能指环、智能手环、植入式芯片等都可能成为我们的智能联结终端。届时，银行账号、银行卡、钥匙、各种账号密码等都将成为历史，数字货币将成为交易凭证。

今天，我们在网上购物时，需要登录电商平台，填写收货地址等；未来，我们在元宇宙中看到心仪的商品，只需指纹轻轻一刷或使用智能指环等轻轻一刷即可完成订单。今天，我们在投资金融产品时，需要去银行柜台进行风险等级认证，线上还需身份认证等；未来，我们只需说出自己的投资需求，就可以自动进入操作界面。今天，我们想美甲时，一般会直接进入美甲店或在美团等平台下单后再去店里接受服务；未来，我们只需说出自己的美甲需求，元宇宙大数据就会把这一需求分享给周围所有相关的服务者，如同滴滴打车软件一样，我们的需求会被迅速满足。今天，我们入住酒店，必须持有身份证，经过酒店前台办理一系列入住手续才可以入住；未来，我们走进酒店，指纹轻轻一刷，就可以自动进行信息确认，瞬间完成入住登记。

未来，每个人都是服务提供者，同时也是被服务者，元宇宙将会大大提升整个社会的资源配置效率。

一切事物的发展都遵循萌芽、发展、繁荣、顶峰、衰落、灭亡的基本规律，元宇宙也不例外，当前元宇宙还处于混沌的状态，发展前景还尚未清晰、明朗，也就是说，元宇宙现在尚处于萌芽阶段。但是一个基于技术的虚拟世界正在建立，我们已经能够通过今天互联网行业的一些蛛丝马迹窥见其未来。

以元宇宙第一股Roblox的游戏为例，"Adopt Me!"，玩法是玩家可以按照自己的兴趣或意愿扮演家长或者孩子，选择收养孩子或是被收养，可以像现实中一样，购买各种各样的付费道具装扮自己，看起来似乎和过家家很类似，但当无数玩家和创作者在这里模拟生活，且其创造出的虚拟形象的身份、交换的资源、体验到的感情被广泛接受和认可时，这个虚拟现实对于玩家来说就拥有真实的价值。这也正是Roblox创始人所强调的"元宇宙"。

年轻一代是互联网原住民，他们在网络上所花费的时间很长，且对于网络上的虚拟形象、虚拟身份也有着更强烈的认同感，在这样的大背景下，Roblox所畅想的元宇宙未来是完全可能的。

如今，在头部互联网厂商的强力推动下，一个基于VR、AR等技术的虚拟世界正在搭建当中，我们每一个人都是元宇宙发展的亲历者、见证者。

第二章

发展回溯,纵观元宇宙的前世今生

元宇宙是什么

1. 一部科幻作品中的新概念

如今，元宇宙概念变得炙手可热，我们在互联网各种各样的消息中，都能窥见其身影，即便是《人民日报》这样的官方媒体也不乏关于"元宇宙"的文章。尽管大众对于元宇宙这一概念已经非常熟悉，但对于这一概念的由来却并不清楚。

元宇宙是一个新概念，最早出现在20世纪90年代，距今只发展了短短30多年。有意思的是，元宇宙这一新概念，最早并非出现在科技领域或互联网领域，而是出现在一部名为《雪崩》的科幻小说中。

大众对于科幻类文学作品的认知，常常呈现出两个极端：一部分人认为科幻小说就是没有现实基础的凭借人的想象力构建起来的空中楼阁，通过阅读精彩的故事以娱乐自我，仅此而已；但另一部分人却认为科幻小说中描绘的场景和内容，是对未来世界、未来社会、未来人类的一种科学预测，因此他们并不把科幻小说视为虚假，而是认为其有极大的实现可能性，并尽可能地去搜寻甚至创造其实现的条件。

很多新事物的产生，确实最初的灵感是来自于人们的美好想象。人渴望像鸟一样能够在高空中飞翔，于是热气球、飞机等经过无数前人的反复实验、探索得以问世；人渴望像鱼儿一样能够在水中游来游去，能够深入水下去探索大海的奥秘，于是潜水艇得以问世……

不管大众对科幻类文学作品如何认知，尼尔·斯蒂芬森在其小说《雪崩》中，对未来的技术进行了一番赛博朋克式的设想，其中所描绘的虚拟现实场景，催生了人们对于Metaverse（元宇宙）的热情。

那么，这部诞生于1992年的科幻作品，究竟讲述了一个怎样的故事，其中所描绘的元宇宙又是什么模样呢？

故事发生的背景是在21世纪的美国，政府被边缘化，特权阶级和私营企业成为实质上的统治者，整个社会演变为无政府资本主义。中下层民众不得不生活在水深火热之中，为了短暂逃离无法忍受的现实，每个人都可以进入一个完全沉浸式的虚拟环境。"这个虚构之地，就是元宇宙。"尼尔·斯蒂芬森如此写道。

小说中描绘的元宇宙中，有一条长达65536公里的巨型通道环绕，绝大部分建筑都是沿着这条通道开发的，和现实社会中一样，这条通道是不断发展、不断建设的，开发商会在主干道的基础上建造新的建筑物，比如公园、地标、街道、房子等。在元宇宙中，每个用户都可以选择一个头像来代表自己在虚拟世界中的身份，由于更高分辨率与更高成本挂钩，所以虚拟世界中的人们也存在阶层之分。

主人公Hiro在失去工作之后，被迫找寻新的工作来维持生计，他成了身兼黑客的比萨送货司机。他与一个名叫Y·T的女孩在开展情报工作时，发现了一种药物——雪崩，雪崩是一种电脑病毒，不仅可以在网络上传播，还能够在现实中扩散，它可以导致人的虚拟身份崩溃，还会造成不可逆的脑部伤害。他们就此展开了调查……

在《雪崩》这部小说中，作者斯蒂芬森描绘了一个赛博朋克式的虚拟实境，这是一个与现实世界平行的新世界，是一个和现实社会紧密联系的三维数字空间，在现实中被不同地理位置隔绝的人们能够通过各自的"数字化身"在虚拟实境中交流、娱乐、生活、工作。

小说出版20多年后，其中所描绘的虚拟实境，被许多工程师、企业家、未来主义者视为对当今科技领域的绝佳预言，一大批科技企业、科技工作者、互联网从业者纷纷行动起来，为搭建出一个虚拟现实世界而努力。

2. 精准把握元宇宙发展的六大特质

科幻小说《三体》中有这样一句极富哲理的话："我要消灭你，与你无关。"纸张消灭竹简，与竹简无关；签字笔消灭钢笔，与钢笔无关；手机消灭胶卷相机，与胶卷相机无关；电脑CAD制图消灭手工制图，与人工制图无关；数码印刷消灭胶片印刷，与胶片印刷无关；计算器消灭算盘，与算盘无关……在历史的发展长河中，新事物总是会替代旧事物，而旧事物会展现出颓势甚至消失，而这往往并不是新事物发展的目标或目的。

元宇宙是新事物，互联网、移动互联网是旧事物，两者的关系与《三体》中的"我要消灭你，与你无关"有着异曲同工之妙。

要想充分理解元宇宙与今天的互联网、移动互联网之间的区别，为什么元宇宙终将成为互联网、移动互联网的继任者，我们可以从元宇宙的六大特质来入手解读。

（1）沉浸式

尽管自然人在元宇宙中是以数字化的虚拟形象呈现的，但数字化人的感官体验与现实是一样的，也就是说，元宇宙中人的感官体验高度"仿真"，与现实之间的差异只限于概念、词语，不仅包括视觉、听觉的"仿真"，触觉、味觉、嗅觉等都可以实现"仿真"，在元宇宙中的所有体验，都能和现实互通，且能够实现元宇宙与现实宇宙的无缝衔接，届时所思即所见、所见即所得，这种高度沉浸式的体验是元宇宙的核心特征之一。

（2）社交性

与互联网、移动互联网一样，社交性也是元宇宙的突出特征，但不一样的是，元宇宙大大扩展了社交的边界和范围，在元宇宙中，我们与他人的社交和现实中的社交是没有区别的，但在元宇宙中可以完全突破地理位置的束缚，在元宇宙中聚会、听演唱会、参加丰富多彩的活动等，今天所有线下的社交活动，未来都可以足不出户在元宇宙中实现。此外，我们不仅可以和真人交朋友，还可以和 AI 交朋友、畅聊等。

（3）开放性

元宇宙比互联网、移动互联网的开放性更强，在元宇宙中，玩家不必局限于设计或渲染好的固定场景，而是完全可以自由活动，完全可以按照自己的意识或想法，去设置自己所处的场景、去做自己想做的事。元宇宙高度依赖用户生成内容来维持边界扩张，因此开放性、自由度会突破想象。

（4）永续性

今天，任何一个网站、APP 或应用，都是依托企业等组织而存在的，一旦组织死亡或组织做出结束某项工作的决策，其网站、APP 或应用就会停滞。但元宇宙是永续性的，具有自动进化能力，一旦建立起来，就会自动永续运营，其中的用户与 AI 等会促使其不断地迭代、变化、发展。

（5）丰富的内容生态

元宇宙中的世界生态与现实世界是完全一致的，元宇宙中的内容和价值来自所有用户的共同创造，现实世界有多么丰富多彩，元宇宙中的内容生态就会有多么丰富多彩。

（6）完备的经济系统

元宇宙中具有完备的独立的经济系统，且最大的特点是，其经济系统与现实中的经济系统是关联的，也就是说能够彻底打通虚拟与现实。简单来说，就是元宇宙中的货币与现实社会的货币共通，且两套经济体系融合为一、无缝对接。

3. 临界点到来，开启"二次进化"

在远古时代，人的活动地域很小，人与人面对面交流是沟通交流的主要形式，单个个体的影响力也非常有限，最多可以影响到本部落和临近部落的人；到了封建社会，马车、驿站等使得人的活动地域扩大了，人与人之间的沟通交流除了面对面，还可以通过书信等方式，虽然单个个体的影响力扩大了，但还是非常有限；到了电气时代，广播、电视等的出现，让人与人之间的信息传达效能得到了大幅度提高，个体的影响力再次扩大，国家元首等领袖可以通过广播、电视等迅速将消息传递给大众，但这种信息的传递是单向的，缺乏反馈机制，因此人与人之间的交互效能被限制在一定范围。

在互联网时代，信息的传递效能得以充分释放，人们可以随时随地与任何人得以沟通，且能快速实现双方即时沟通，信息的传播路径直接升级成了快车道，信息的传播速度比以往任何一个时期都要快得多，得益于媒体效能的提高，个人的影响力被放大了无数倍，个体不仅可以对本城、本地区、本国的公众产生影响，甚至可以在整个世界都掀起属于自己的个体风潮。

个体在互联网上的映射并不是唯一的，每个人都可以在各种各样的平台注册多个账号，且与现实身份的关联度是非常弱的，互联网上充斥着各类虚假信息，网络交友被骗、喷子们在网络上肆意发泄现实生活中的负面情绪，网络上充斥着比现实社会中更严重的戾气，网络舆论成为某些人手中的武器，买水军、造谣、网暴、人肉搜索曝光……

个人隐私信息频繁泄露，网络逐渐成为犯罪分子开展诈骗等违法活动的温床，网络安全形势越来越严峻，互联网、移动互联网似乎已经从一个革命者，变成了充满各种弊端的"被革命者"。

在现实生活中，网络重复建设导致的信息资源浪费已经是一个普遍存在的问题。以新冠疫情期间的"健康码"为例，北京健康宝、"京心相助"小程序；河北健康码、"冀时办"小程序；天津健康码、"津心办"……全国30多个省份，几乎每个省都有一套自己的程序，且不同地区之间的"健康码"无法互认，甚至本省内的不同城市也有各自的健康码，比如江苏省的南京使用的是"宁归来"、苏州是"苏城码"、淮安是"淮上通"、无锡是"锡康码"、常州是"健康码"、南通是"易来通"、连云港是"连易通"、徐州是"彭城码"、镇江是"镇江码"，其余不少城市是"苏康码"。

实际上，"一码"通用全国，是完全可以实现的，也是最为经济、高效的方法，但现实情况却是不同省份、地区、城市重复建设了大量的健康码类小程序，这无疑是一种资源的重复和浪费。

不论我们是否愿意承认，互联网、移动互联网发展的临界点已经到来，不管是从事物的发展规律来看，还是从现实情况来说，都需要寻找一种新的解决问题方式，移动互联网开启了"二次进化"，一场以"元宇宙"为名的赛道正在徐徐展开。

4. 2021年是元宇宙的元年

对于元宇宙行业来说，2021年是一个重要的里程碑，这一年，经过了三年多低谷的沉寂之后，元宇宙再次迎来了发展新机遇。2021年3月，元宇宙第一股Roblox在纽交所成功上市，全球巨头纷纷开始在元宇宙领域布局。

2021年，是元宇宙的元年。元宇宙元年的到来，与新型冠状病毒疫情的影响也有一定关系。新冠疫情的大流行，使得全球都处于疫情防控中，为了避免感染风险，人们纷纷减少了外出活动，尤其是不必要的线下人群聚集类活动，大量减少。与此同时，大众在网络上花费的时间呈现明显增长的态势。客观上说，新冠疫情大大加速了元宇宙元年的到来。

Meta发布VR社交平台Horizon、微软发布会议协作平台Mesh，百度加速推出元宇宙社交平台"希壤"、网易伏羲发布沉浸式系统"瑶台"……

元宇宙是什么

目前，国内外布局元宇宙行业最激进的科技巨头是 Facebook，扎克伯格公开表示：Facebook 计划在未来 5 年内转型成一家元宇宙公司。2021 年 10 月 28 日，Facebook 更是直接宣布将公司名称改为"Meta"，公司股票代码从 2021 年 12 月 1 日起变更为"MVRS"。在扎克伯格看来，元宇宙是下一个前沿。为了在这一新兴领域获得先发优势，从现在就开始专注于虚拟现实为主的新兴计算平台，无疑是非常大胆的举措。

元宇宙中，人与人之间的互动不再仅仅停留在文字交流、语音交流、视频交流上，即便是陌生人之间，也可以随时随地通过元宇宙虚拟空间获得与在现实中一样的社交体验。元宇宙时代，信息在传播中的损耗将会无限趋近于 0，虚拟现实中的体验与现实宇宙的体验也会逐渐趋于相同。

5G 将会大大提升网速和上传速率，整体速度比现有快 10 倍有余，可以轻松实现随时随地高清、无延迟、无卡顿的信息分享，这为元宇宙的发展提供了广泛而坚实的基础，5G 的到来将会大大推动元宇宙的建设和发展。

5G 时代，元宇宙将会迎来一轮新的商业红利，有专业人士预测称：这轮红利背后早期受益的是工业品，比如 VR、AR 等硬件设备，后期将爆发出巨大的内容场景市场。

拥抱元宇宙，才能制胜未来，这是一个数据重构商业、技术改写社会的时代，在流量见顶的后互联网时代，唯有元宇宙，才能开辟出一片新的商业蓝海，形成一个接续移动互联网的新增长点。元宇宙元年已来，抢占元宇宙红利，已经刻不容缓，你准备好了吗？

5. 元宇宙的推动者们正在行动

不少科技巨头都在大力推动元宇宙的建设和发展，且并非只是停留在战略、宣传、口号的阶段，而是实打实进入了行动阶段。

以在元宇宙领域最激进的 Meta 为例，Meta 在元宇宙领域已经开始实质性地布局，其定位是综合型元宇宙巨头，在硬件入口、底层架构、人工智能、内容与场景这四大方向上均有布局。

在硬件入口方面，早在 2014 年就收购了 Oculus，此后先后推出了 6 款 VR 硬件产品，从 Oculus DK1 到 Oculus Quest2，成功打入 VR 消费端市场。在硬件方面，Meta 预计会在 2022 年推出高端 VR 头显 Project Cambria。此外，AR 眼镜 Project Nazare 也正在紧锣密鼓的研发中。

在底层架构方面，原来的 Oculus Research 更名为 Facebook Reality Lab，作为元宇宙的研发部门，其地位和重要性不断被拔高。

在人工智能方面，Connect 2021 大会上，Meta 发布了一个涵盖一系列机器感知与人工智能功能的 Presence Platform，包括 Insight SDK、Interaction SDK、Voice SDK、Tracked Keyboard SDK 功能组件。为开发者构建更逼真

的混合现实、交互与语音体验，从而在用户的物理世界中无缝混合虚拟内容。

在内容场景方面，Meta 更是在游戏、健身、教育等多领域布局。在游戏方面，非常重视 VR 游戏研发，通过投资收购系列 VR 游戏开发商、影视内容制作方，加码布局 VR 内容生态，VR 音乐游戏《Beat Saber》在 Oculus 平台已获得超 1 亿美元的收入，VR 吃鸡游戏《Population:one》也是 Oculus 平台表现最好的 VR 游戏之一。在健身、教育方面，将在 2022 年推出一套名为 Active Pack for Quest 2 的配件，未来 3 年内将投资 1.5 亿美元用来构建一个支持元宇宙学习的生态系统。此外，Meta 在社交方面也做了布局，已推出虚拟家园 Horizon Home、线上协作办公平台 Horizon Workrooms，2021 年 12 月 9 日，Meta VR 社交平台 Horizon Worlds 正式开放。

除了自身研发之外，Meta 还通过密集投资进一步充实技术储备，投资方向较为集中，主要包括计算机视觉、面部视觉、眼动追踪、人工智能、VR/AR 变焦技术等。

字节跳动是 Meta 最强劲的竞争对手之一，在元宇宙领域，其依托自己的优势领域——社交与娱乐，大胆收购头部 VR 创业公司 Pico 补足硬件短板，并着重在硬件入口、底层架构、内容场景三方面全力布局。

在硬件入口方面，字节跳动在 2021 年 9 月以约 90 亿元收购了国内头部 VR 厂商 Pico，Pico 拥有完善的产品矩阵，从旗舰 Neo 系列到小巧强劲的 VR 小怪兽 G 系列，消费级售价介于 2099~4099 元。

在底层架构方面，字节跳动于2021年4月以1亿元人民币战略投资元宇宙概念公司代码乾坤，代码乾坤旗下产品《重启世界》是基于其自主研发的互动物理引擎技术系统而开发的UGC平台，由物理引擎编辑器（PC）、游戏作品分享社区（APP）两个部分组成。

内容场景是字节跳动的长板，也是其优势所在。在短视频领域，旗下产品矩阵包括今日头条、抖音、西瓜视频、TikTok等，尤其是抖音，是国内短视频龙头，也是中国互联网在海外领域最成功的产品之一，这就为打造元宇宙的内容场景奠定了坚实基础；在文娱方面，字节跳动已经组建超1000人的研发团队，已形成Ohayoo、朝夕光年与Pixmain三大自有游戏平台，除游戏外，还推出网文产品、投资数字阅读公司等。

……

元宇宙的推动者们正在积极行动，并发起了抢占蓝海高地的冲锋。

6. 六大要点，展现元宇宙发展方向

从产业的角度来看，元宇宙的框架主要由六大组件构成，分别是：硬件入口、后端基建、底层架构、人工智能、协同方、内容场景。

就像我们接入互联网、移动互联网，需要借助电脑、智能手机、IPAD

等硬件终端一样，元宇宙的接入也要依托硬件。有业内人士认为，XR设备将是通往元宇宙的第一入口。2021年VR设备的出货量超过1000万台，奇点已经出现，元宇宙入口硬件市场即将迎来大爆发式的发展。实际上，元宇宙的硬件入口并不是唯一的，除了XR、AR、VR外，诸如智能耳机、脑机接口、可穿戴设备、可供植入的芯片等都可能成为其硬件入口。

后端基建主要包括三个方面：一是通信保障，能够承载高带宽，实现低延迟，比如5G基站的建设就属于通信保障；二是算力，元宇宙将持续带来巨量的计算需求，足够的算力才能支撑元宇宙的发展；三是算法，边缘计算与云计算必须能够实现高效分配算力，只有这样，元宇宙才能实现高效运转。总的来说，后端基建主要依托国家的通信基础设施建设以及算法、算力等技术的发展水平。

元宇宙的底层架构，今天的我们还难以彻底解构，已经可知的是区块链、数字孪生、引擎。区块链技术能够为元宇宙提供一套经济运行规则；数字孪生是企业等组织元宇宙、城市元宇宙发展的必经之路；引擎，是为创作者提供开发设计工具、创作平台。

人工智能也是元宇宙的重要一环，大量的虚拟现实场景，需要AI去计算、并扮演某些角色。过去几十年，AI一直从感知向认知层面升级，今天的机器人客服、工业机器人等还不够成熟，常常会被大众吐槽"人工智障"，未来，元宇宙时代，人工智能将会拥有更加强大的能力，可以自主学习，并能够代替人成为关键的生产要素。

尽管元宇宙具有自动进化功能，但其存在或发展的目的是更好地服务于人。俗话说，有人的地方就是江湖，元宇宙也不是毫无摩擦、纠纷之地，未来，元宇宙会催生出新市场新业务，进而产生新巨头，带动合作伙伴获益。元宇宙是一个繁荣的生态，不管是技术层面，还是内容场景层面，都不是一个人或一个组织可以完成的，必然会有数不清的协作方。对于企业或组织来说，只有积极参与到元宇宙搭建和发展的协作大潮中，才能更好地享受元宇宙发展所带来的红利。

内容场景是元宇宙的最终落脚处，如果说元宇宙是一棵树，那么内容场景就是其数不清的枝枝叶叶，这也是判断元宇宙发展是否繁荣健康的一个重要指标。内容与场景越丰富、越多样，越能够吸引更多人进入元宇宙，在内容与场景的加持下，元宇宙会催生出远超我们预期的新内容、新场景、新业态，重塑整个内容产业的规模和格局。目前看来，游戏很可能是元宇宙的起点，社交及其他泛娱乐、B端应用场景、C端应用场景都会迎来一场从现实宇宙到虚拟元宇宙的巨大变革。

在元宇宙的发展过程中，这六大板块会呈现出先后轮动发展的局面，硬件与内容会是发展的第一梯队，底层架构是第二梯队，第三梯队是后端基建与人工智能，最后是场景。如果想成为元宇宙发展中的协同方，就要注意踩准各板块的轮动发展节奏。

第三章

技术基础，元宇宙的到来并不遥远

元宇宙是什么

1. 游戏技术：更接近元宇宙的存在

当前，元宇宙还处于萌芽阶段，尚未形成比较完备的业态。今天，游戏是更接近元宇宙的存在，这已经成为互联网行业的基本共识。

从广义上来说，元宇宙的范围很广，但目前市场验证出的、更优先的发展路径就是在游戏领域探索元宇宙结合 NFT。具体来说，游戏行业的先发优势有两点：

一是，元宇宙在萌芽早期，其探索虚拟现实的产品或体验，基本上都是围绕游戏产业开展的，比如非常火爆的《王者荣耀》《原神》等游戏，就是采用 Unity 引擎开发的。Unity 的内核是实时 3D 互动内容创作与运营平台，游戏开发领域是 Unity 最为重要的应用领域。但 Unity 发展到今日，仅仅把它理解为游戏开发引擎已经落伍，目前 Unity 已经成为建筑可视化、实时三维动画等类型互动内容的综合型创作工具。不仅是 Unity，包括 Epic Games(Unreal Engine)、Nvidia（Omniverse）在内的各大游戏引擎 / 开发平台均在部署 3D 建模、虚拟世界的非游戏业务，拓展新的赛道，创收并扩大主营业务的规模。前端是极富吸引力的游戏，后台是强有力的虚拟现实类技术研发和支持，经过多年的发展，这些游戏产业已经积累了一定量的用户群。

二是，尽管游戏是更接近元宇宙的存在，但这并不意味着，游戏就只是游戏，相反，游戏具有很多价值延伸的可能，在未来游戏中的玩家可以是消费者，也可以是创造者，可以购买虚拟世界的物品所有权，可以在虚拟世界中听音乐会、参加各种活动等。

从游戏技术层面来讲，与游戏相关的技术，如支持游戏程序代码与资源（图像、声音、动画）的引擎等开发工具，将关乎元宇宙中的内容呈现。

Unity是全球最大的游戏引擎公司，第二大为Unreal Engine。在专业游戏引擎领域，技术壁垒较高，基本上以Unity、UE两家独大，主要服务于B端客户，比如程序员、开发商，助力企业在元宇宙时代转型。但未来元宇宙中的创作者更多的是来自普通用户，因此除了专业游戏引擎，类似于Roblox Studio这种上手门槛低的开发工具也将是游戏技术的重要发展方向之一。

专业开发引擎和普通开发引擎，分别代表了两类元宇宙世界的建造方式：PGC和UGC。通过PGC模式建造的元宇宙世界画面更精美，用户沉浸感更高，仿真度更高，但在UGC模式下，建造元宇宙的门槛更低、用户量级更大，更有利于促进普通玩家发挥创造力，普通玩家可以凭借较低的学习门槛掌握此类开发引擎，从而促进更多相关的创造作品产生，例如Roblox，该平台上的场景和图形虽然简单，但依旧具备承载较大用户量级的能力。

未来，专业引擎会通过降低使用门槛提升应用性，普通引擎也会通过不断改善游戏画面提升场景的精致度和沉浸感。两类开发引擎的性能会逐渐同化，呈现出殊途同归的发展趋势。

2. 芯片技术：虚拟世界的"核芯"

虚拟实境是元宇宙的核心，而虚拟实境的实现离不开芯片技术。虚拟实境，本质上是借助计算机系统、芯片技术以及传感器技术生成的一个三维环境，在这一环境中，人机交互状态会发生彻底性变革，从视觉、听觉到触觉、嗅觉等，人的感觉将能够完全与现实世界中一致，从而为用户带来身临其境、虚拟即现实的沉浸感体验。

元宇宙的发展，需要具有超高运算能力的芯片。芯片是元宇宙发展的重要技术基础，得芯片者得天下，能否开发出符合元宇宙发展需求的芯片，已经成为抢占元宇宙战略高地的关键。

芯片技术是虚拟世界的"核芯"。目前在芯片领域占据主导地位的公司是英伟达。英伟达是一家专业的图形处理芯片公司，早在1999年就发明了图形处理器GPU，自此GPU开始深刻改变世界。特别是在游戏领域，

NVIDIA GPU 几乎已经成为游戏设备的标配。

经过 20 多年的发展，英伟达的 GPU 也在不断迭代、发展、升级，从 Tesla 到 Ampere、从 GTX 到 RTX，其芯片性能稳步提升。

英伟达的 GPU 架构历经了多次变革，基本保持着两年一迭代的速度，从最初的 Tesla（2008），到现在的 Ampere（2020）。从 Turing 开始，英伟达 GPU 启用了全新的品牌名，从 GTX 变更为 RTX，Turing 是近 12 年来 GPU 架构变化最大的一次，原因在于 RTX 通过专用的 RT Core 核心实现了游戏中可用的实时光线追踪渲染。目前最新一代的 Ampere 建立在 RTX 的强大功能之上，显著提高了其渲染、图形、AI 与计算工作负载的性能。

2021 年，英伟达明确宣布将产品战略升级为"GPU+CPU+DPU"的"三芯"产品战略，并进军 CPU 领域。英伟达强劲的 GPU 加上发布的 CPU Grace，再加上最新的 Bluefield DPU，构成了英伟达最新的数据中心芯片路线图。英伟达在芯片行业的竞争进入组合拳时代——通过三种芯片的组合实现差异化并保持竞争力。

AI、云计算、数据分析与高性能计算等都是元宇宙的底层技术架构的重要组成部分，这些技术都离不开最顶级的图像处理技术（GPU），而英伟达的立足之本就是 GPU。

Statista 的统计结果显示：在独立显卡领域，英伟达占据约八成的市场份额，拥有绝对的话语权与主导权。Cambrian AI Research 的分析师 Karl Freund 表示，英伟达占据了人工智能算法训练市场"近 100%"的份额；Top 500 超级计算机中近 70% 使用了英伟达的 GPU。

英伟达的"GPU加速计算平台"集硬件与软件于一体，可为各大企业提供强大而又安全的基础架构蓝图，可精准完成从数据中心开发到部署的所有实施工作。

尽管，当前英伟达在芯片技术方面遥遥领先，但其他芯片技术企业也并非没有机会。元宇宙的发展会带来一个非常庞大的芯片技术市场，且随着元宇宙内容场景的多样化，对于图像处理芯片的需求也会呈现多元化、多样化特征，这将为芯片技术行业提供巨大的商业机会。

3. 网络通信技术：元宇宙发展的依托

元宇宙的繁荣发展，离不开高速的信息传输通道，高速信息传输通道的建设是元宇宙最重要的基础设施建设，也是元宇宙发展的重要依托。信息传输通道的建设主要是依靠网络通信技术来完成。

纵观网络通信技术的历史，至今已经经历过5次迭代与进化。

1G模拟通信技术时代：在漫长的历史长河中，人类主要依靠书信的方式来通信，19世纪，美国人贝尔发明了电话，从根本上改变了人类的通讯方式。贝尔发明的电话，其原理是用两根导线连接送话器和受话器，两者结构完全相同，均在电磁铁上装有震动的膜片，尽管贝尔首先实现了两端通话，但效率低，通话的距离也很短。此后人们对电话的通信技术进行了多次改进。直到"大哥大"的出现，开启了民用移动通信，人类自此进入 1G 模式通信技术时代。

2G 数字通信技术时代："大哥大"只能打电话，且信号也较差，但不管是硬件设备还是入网资费，都非常昂贵，因此用户始终是少数人。模拟通信技术的缺陷，促使人们去寻找更好的解决方案，2G 数字通信技术应运而生，与 1G 技术相对，2G 的通信信号覆盖更广、价格更低、通话质量也更好。

3G 通信技术时代：经过 1G 与 2G 通信技术的发展，3G 时代产生了颠覆性的变革，数据传输成为可能，通信技术开始真正走向成熟。尽管今天已经很少提及 3G 时代出现的 CDMA 技术，但它的技术贡献直到今天仍在移动通信的发展演进中占有重要历史地位。智能手机的广泛普及让 3G 技术落地结果，并进一步推动通信技术的发展。

4G 通信技术时代：今天，我们正处于从 4G 到 5G 的过渡时代，4G 的数据传输速度比 3G 要快很多，带宽方面也更高，因此催生了各种各样的智能手机应用，淘宝、京东、支付宝等丰富的内容生态，是基于 4G 通信技术而形成的。

5G 通信技术时代：随着 5G 基站的大范围快速建设，5G 时代已经悄然开始进入人们的生活，手机 5G 套餐、5G 智能手机等早已经不是新鲜事物。5G 与 4G 最大的区别在于，具有更大带宽、更高速率、更低延时，采用毫米波和中低频的技术手段来传输数据，两者相互配合、相互补充。这是又一次网络通信技术的革命。

元宇宙中虚拟即现实、现实即虚拟的实现，需要非常强大的网络通信技术支撑，唯有更快信息传输、无延时、无卡顿，才可能孕育真正的沉浸式生态，从这个角度来说，5G 的发展和普及，对于元宇宙具有非常重大的现实意义。

华为是我国通信技术领域的龙头企业，积极参与 5G 标准制定，并已经抢占了 5G 专利优势，在欧洲电信标准化协会发布的全球 5G 标准核心必要专利数量排名（2020）中，华为赫然排在第一位。中国在 5G 时代具有通信技术先发优势，这意味着，中国企业在元宇宙行业处于领跑地位。

4. 虚拟现实技术：打破虚实壁垒

虚拟现实技术是元宇宙的关键技术，肩负着打破虚实壁垒的重要任务，直接关系着虚拟实境与现实宇宙能否实现无缝对接。

那么，虚拟现实技术究竟是什么呢？从技术层面来讲，虚拟现实是仿真技术的一个重要发展分支，是融合了仿真技术、多媒体技术、计算机图形学、人机接口技术、传感技术、网络技术等多种技术的集合体。

实际上，虚拟现实技术的诞生要比元宇宙这一概念的产生更早。虚拟现实（Virtual Reality），也被称为VR技术，20世纪80年代初，美国VPL公司创建人拉尼尔提出了这一概念，这种由计算机生成的高技术模拟系统，最初用于美国军方的作战模拟，直到20世纪90年代才逐渐被商业领域关注并获得进一步发展。

虚拟现实技术具有四大典型特征：一是多感知性，除了视觉、听觉外，还包括触觉感知、运动感知、味觉感知、嗅觉感知等，理想的虚拟现实技术可以实现人所有感知功能的数字孪生；二是存在感，当用户处于虚拟现实的模拟环境中时，不会对模拟环境的真实程度产生任何质疑，可以达到难辨真假的程度；三是交互性，在虚拟现实技术模拟的环境中，用户对环境中物体具有可操作性，能从环境中得到反馈，且所有过程都是自然的、了无非自然痕迹的；四是自主性，即虚拟环境中的物体都是按照现实中的物理定律移动的，这种衍化或变动，是完全自主自发的，也就是说，虚拟现实模拟的环境是可以自我进化的。

总的来说，虚拟现实技术系统主要包括模拟环境、感知拟真、自然技能和传感设备四大部分。

（1）模拟环境

模拟环境，简单来说，就是由计算机生成的、3D立体的、实时动态的逼真图像。以华为的河图为例，为了增强模拟环境的真实性和沉浸感，主要从四项核心能力发力，分别是3D高精度地图、全场景空间计算、强环境/物体理解、虚实世界融合渲染。高精度的HDMAP构建能力可以自动提取周围环境的特征信息,自动构建多源多维 HDMAP,使得手机准确获取周围世界的 3D 信息。超逼真的虚实融合渲染能力,使得河图的模拟环境更加逼真。

(2)感知拟真

理想的感知拟真应该具有一切人所具有的感知,这也是当前 VR、AR 设备在极力追求的理想状态。如今,一些 VR、AR 设备已经可以做到视觉、听觉、运动感知的仿真模拟,但在嗅觉、味觉、触觉等方面还比较欠缺,尚未达到技术成熟的发展状态。

(3)自然技能

现实宇宙中的自然人在元宇宙中进行数字孪生时,要想达到完全沉浸的效果,就必须要让孪生出的数字人在眼神、表情、头部转动等肢体动作方面与现实中的人完全相一致、相适应。自然技能,就是指处理元宇宙参与者的表情、动作等相关数据,并对参与者的输入做出完全的、无损耗的、实时响应,并反馈到元宇宙中数字孪生人的身上。

(4)传感设备

这里所说的传感设备,就是自然人与元宇宙的三维交互设备。目前,传感技术正在朝着这一方向不断发展。

5. AI技术：元宇宙的主流应用技术

AI，全称是 Artificial Intelligence，也被称为人工智能。AI 技术，简单来说，就是人为制造出来的机器能呈现出人类智能的技术。

未来，元宇宙丰富的虚拟现实场景与内容，离不开 AI 技术，其自我进化的实现也必须要建立在高度发达的 AI 技术基础之上，可以毫不夸张地说，AI 技术是元宇宙的主流应用技术。

有专业人士认为，在元宇宙高度发达阶段，其中不仅会有无数人类的数字化身，还会出现数不清的人工智能体，人工智能在元宇宙的建设中发挥着重要的生产要素作用，元宇宙最终将会呈现出人类数字化身与人工智能共存的和谐图景。基于此，可以认为现阶段的虚拟数字人是未来元宇宙人工智能的初级形态。

实际上，虚拟数字人早已经不是什么新鲜事，早在 20 世纪 80 年代就出现了虚拟数字人的概念，到今天已经涌现出了不少虚拟数字人，比如洛天依，她是以 Yamaha 公司的 VOCALOID3 语音合成引擎为基础制作的全世界第一款VOCALOID中文声库和虚拟形象，作为一名虚拟歌手，她有自己的粉丝——"锦衣卫"，曾与杨钰莹、付辛博、马可、王源等明星、名人共同演唱多首歌曲，登上过湖南卫视小年夜春晚、江苏卫视跨年晚会、中央广播电视总台春晚等舞台，还与俄罗斯虚拟歌手共同演唱《出发向未来》，洛天依是国内最早实现盈利的虚拟歌手。

除了洛天依这样的虚拟偶像外，AI技术还出现在很多方面和领域。打败围棋世界冠军的AlphaGo，能够通过自学与训练掌握复杂的围棋技术；如今炙手可热的自动驾驶技术，实际上也是依托于人工智能来实现的，尽管还没有被广泛应用，但在固定园区或测试路段实现自动驾驶已经成为现实……

从AlphaGo开始，人工智能深度学习的能力正在明显加强。当人工智能完成了从感知向认知的充分进化，人工智能无疑会越来越"聪明"，其就可以模拟人的思维或学习机制，变得越来越像人。

随着人工智能技术的不断发展，社会上还出现了一个比较小众的特殊职业，即AI或人工智能训练师，从某种程度上来说，该职业的出现，意味着人工智能技术即将迎来井喷式的繁荣发展。

目前，人工智能的仿真效果越来越成熟，数字虚拟人与真人形态也越来越接近，比如阿里的"AYAYI"、抖音UP主"柳夜熙"等。

在未来元宇宙的建设中，人工智能可以起到代替人去发挥一些关键生产要素的作用。

一方面，人工智能将在元宇宙中发挥建设性的作用：元宇宙将带来数据洪流（如 3D 场景、360 度渲染场景），不可能单靠人力去处理这些海量的数据，具备越来越强的自主学习与决策功能的人工智能辅以人工去微调，可大幅降低构建元宇宙的周期与人力成本。

另一方面，提供规模化的内容或服务，且能保证个性化：人工智能将深度介入人们的社会生活，满足人们的众多消费需求，如人工智能生成内容，且能保证个性化。

基于当前人工智能技术和元宇宙的客观发展规律，未来元宇宙中的人工智能大体会经历三大发展阶段：第一阶段的核心是仿造，简单来说就是现实世界的人和物会被大量复刻到元宇宙的虚拟现实中，在这一阶段，数字孪生技术会得以广泛应用，每个元宇宙用户都会在元宇宙中拥有一个虚拟数字人的身份；第二阶段的核心是虚拟世界开始影响现实世界，在这一阶段人工智能体会诞生，AI 技术发挥的作用会越来越大；第三阶段的核心是虚实共生，届时元宇宙中的虚拟数字人会高度智能化，像现实世界的真人一样拥有智能。

未来已来，我们期待 AI 技术迎来新一轮的颠覆性突破和跨越式发展。

6. 区块链技术：元宇宙的经济机器

从本质上说，区块链是一个共享数据库，存储于其中的数据或信息，具有"不可伪造""全程留痕""可以追溯""公开透明""集体维护"等特征。

通过区块链技术，可以建立一个永久透明的记录信息的分散分类账，将所有参与者、所有相关利益方纳入同一个管理平台中，使管理流程变得可信透明，并在整个经济链条中创建真正的可追溯性，有效防止价格欺诈、付款延迟、交付延迟等。

区块链能够在不需要可信第三方的协助下，帮助人们之间建立起信任关系，区块链信用层协议弥补了互联网数字世界中缺失的两个基础功能：价值表示与价值转移，助力互联网升级为"价值互联网"。

虽然区块链不能塑造出元宇宙，但却是元宇宙被塑造过程中最关键的一环，帮助元宇宙完成底层的进化。元宇宙其中一大重要特征是具备一套虚拟与现实相通的经济体系，区块链则是这个经济体系的底层架构之一。

元宇宙的虚拟世界要想与现实世界实现无缝对接和互通，必然需要一个统一的经济系统，而区块链技术可被视为打通虚拟世界与现实世界的桥梁，它可以保证用户在元宇宙中的虚拟资产和虚拟身份的绝对安全，保证经济系统的规则能够透明规范实施，杜绝不公平交易、交易过程中的诈骗等，从而实现元宇宙中人与人的价值交换，元宇宙与现实中的价值交换。

今天，在"反垄断"的大背景下，互联网、移动互联网形成的垄断现象已经成为其重要弊端之一，未来在元宇宙中，区块链技术有望通过解决分散价值传递以及平台合作问题，让垄断失去其发生的土壤。

实现现实世界与虚拟世界的经济体系互通，仅仅依靠区块链的经济运行规则是不够的，我们还需要一个连接虚拟和现实的通证——NFT。

通证是区块链的价值表示与价值转移这两个功能实现的价值表示物，可以将资产通证化，即转变成数字资产。NFT就是通证的一种，具有不可分割、不可替代、独一无二等特点，这使得其可以成为锚定现实世界中的物品的数字凭证，即NFT是其在区块链上的"所有权证书"，代表着数字资产的归属权，具备排他性，并且具有唯一性与不可复制性。

区块链是元宇宙建设过程中最核心的技术之一，为元宇宙提供一套经济运行规则。基于区块链而存在的NFT，其本质是虚拟资产的"证券化"——为虚拟数字资产提供了一套确权与流通机制。

基于区块链技术，每个NFT都映射着特定区块链上的唯一序列号，不可篡改、不可分割，也不能互相替代。在这一技术前提下，用户将真正且永久地拥有这份数字内容的所有权。

NFT 赋予了数字资产流动性。NFT 是一种有价的代币，可以将数字资产代币化，代币化提高了数字资产的流动性。未来随着知识产权作为 NFT 记录到区块链上，数以万亿计的数字内容将转移到二级市场上可供交易，这将释放出巨大的交易价值，带来价值重估、灵敏的价格反应机制。

7. 显示技术：感知交互不断深化

互联网实现的是人的视觉、听觉的数字化。互联网在空间上仍是二维呈现，移动互联网在 PC 互联网的基础上，扩展了时间与空间的广度，即移动设备的可移动性使得人们能随时随地获取信息，但此时的空间呈现仍是以二维为主。

元宇宙与互联网、移动互联网最本质的不同，是突破了二维呈现的范畴，能够实现时间、空间和感官体验的三维呈现，这也是元宇宙最令人期待的科幻场景。很显然，虚拟实境的高仿真性，需要高度发达的显示技术做支撑，显示技术是关乎元宇宙感知交互程度的关键。

从 20 世纪 80 年代开始，日本、韩国、欧美等国家和地区就已经开始了对立体 3D 显示技术的研发，经过 30 多年的发展，3D 显示技术也在不断趋于完善。

传统的 3D 显示技术，主要是通过拍摄时互成角度的摄像机拍摄出的两组图像来产生立体感，这种显示技术，观看者需要带上偏光镜消除重影，只有这样才能依靠视差产生立体感的观看感受。

此后，人们又研发了自动立体显示技术，也被称为"真 3D 显示技术"，观看者不必戴特定的眼镜，就可以利用"视觉栅栏"，让人的两只眼睛分别接受不同图像，从而形成立体式的显示效果。与传统 3D 显示技术不同的是，基于视觉栅栏原理的真 3D 显示技术，其提供了两组存在 90 度相位差的柱图像。

如今最常用的是快门式 3D 技术，这是一种主动式 3D 显示技术，是通过提高画面的快速刷新率来实现的。只需将 3D 信号输入到现实设备，不少于 120Hz 的图像便会按照帧序列的格式实现左右帧的快速交替，红外发射器会将这些帧的信号传输出去，人佩戴的 3D 眼镜刷新，并同步实现左右眼观看对应的图像，人的大脑会自动对图像进行处理就形成了立体影像。

近年来，为了更好地提升显示效果，不少企业和科研人员做出了多方面的努力和尝试。曲面屏幕、可折叠屏幕已经问世，它们可以大大加强显示效果的立体度；激光显示技术带来真色彩时代，这种技术能显示出人眼能识别的颜色种类的 90%，可以更真实地再现客观世界的丰富色彩。

显示技术的不断发展，必然会给人类带来一场视觉上的革命，现实世界的人与虚拟场景的感知交互，将会越来越深化，虚拟场景会变得越来越真实，直至突破虚实界限。

尽管今天的AR、VR技术还不够成熟，不足以呈现出元宇宙高度发达时的"虚拟即现实，现实即虚拟"场景，但我们已经能够看到一丝曙光。

当下主流VR头显技术，是利用双目视差分别为用户左右眼提供不同的显示画面，已达到欺骗视觉中枢、制造幻象的目的。AR技术则是通过测量用户与真实场景中物体的距离并重构，实现虚拟物体与现实场景的交互。

这两种截然不同的显示技术发展方向，在未来，究竟哪种显示技术会成为主流，让我们拭目以待。

8. 数据和算力：元宇宙的强大支撑

当前，随着互联网、大数据和人工智能等技术的广泛、深度运用，全球经济新模式、新业态不断涌现，人类社会生产生活方式正在发生深刻变革，正从工业经济变革为数字经济，其特征是以数据为核心重构生产要素，促进以物质生产、物质服务为主的经济发展模式向以信息生产、信息服务为主的经济发展模式转变。

事实上，进入数字经济时代，数据正逐渐成为驱动社会发展的关键生产要素和新引擎。一方面，大数据已成为社会的基础性战略资源，蕴藏着巨大的潜力和能量。另一方面，数据资源与产业的交汇融合也能促使社会生产力发生新的飞跃。

数字时代，谁拥有更多数据，谁更精通数学算法，谁拥有更强大的算力，谁就能够在市场中立于不败之地。用数据来表达基因编码和生命，已经成为互联网和数字时代的典型特征。

三维数字地球、三维数字城市……在虚拟的互联网世界，一个个网络数字孪生体正在诞生，卫星定位、大数据、三维、人工智能等技术的发展，正在以"现实"为蓝本，网络为背景板，建设一个个新的数字生命体。

2021年10月21日，在重庆市科协年会大数据智能化发展论坛上，中国移动研究院首席专家、6G项目总监刘光毅博士表示，6G必将加速数字化进程，推动整个社会走向数字孪生，进而带来生产生活效率以及个人生命质量的极大提升。如果说5G会引领我们进入一个万物互联的时代，那么6G则会让整个社会朝着数字孪生的虚拟与现实结合的方向发展，元宇宙的到来并不遥远。

构建元宇宙必须以"硬技术"为基础，元宇宙所必需的后端基建，包括通信网络、算力与算法等。数据和算力，是元宇宙建设和发展的强大支撑。

在现实世界中，电力是非常重要的生产力要素，但到了数字经济高度发达的元宇宙时代，算力将会成为如同电力一样的重要生产力要素。在元宇宙中，娱乐、社交、经济、政务等活动都需要超强的算力支撑，届时，人均算力将成为衡量地区数字经济发展的重要指标。

5G 是对现有移动通信系统的全面革新，是人工智能、云计算等新技术在未来大展拳脚的基础，未来在 5G 通信技术的基础之上，还会出现更新、更快的网络通信技术，坚实的通信技术将为元宇宙提供高速、低延时的数据传输通道。

元宇宙时代的数据量级极大，硬件入口为了能够处理数字化的场景，需要非常强大的数据运算能力的支撑，以 VR 为代表的硬件也需要追求沉浸感，其潜在要求是设备的轻便化，但这一潜在要求会限制其所能承载的最大运算能力。这也是当前搭建元宇宙需要面临的一个技术难题。

此外，元宇宙还将持续带来巨量的计算需求。随着元宇宙的不断发展，其丰富的内容和场景，必将带来数据的爆炸式增长，对算力规模、算力能力等的需求大幅提升，这将会促进算力的进步。可以预见的是，算力的发展和进步，会反向支撑元宇宙应用的创新，元宇宙的内容场景创新，又会反过来推动算力技术的升级换代、算法的创新速度。

9. 科幻照进现实，元宇宙已来

人从来都不是生活在真空当中，关注自己所处的环境，收集与自身生存、生产、生活密切相关的资讯，用以指导行动，是人规避风险、减少损失、更好发展的重要技能。

今天，得益于互联网、移动互联网的发展，我们可以通过多种多样的渠道获取非常丰富的资讯，从天气预报到城市交通拥堵实况，从国际政治局势到美国总统拜登的言论，从各种明星、网红的娱乐消息到所在地区的法治类事件，从国家政策公布到所在社区的暖气费物业费通知、养宠物要求……资讯的丰富程度、获取资讯的便利程度、资讯的即时性，延展了我们获取信息的能力。

百度、头条等搜索、资讯类平台，是基于互联网技术而形成的一个集合性"智库"。原始社会，掌握信息最多的是老者、族长、大巫等具体的自然人，今天，任何一个自然人都已经无法掌握所有信息，信息的丰富程度已经超越了人脑的极限，网络成为汇集信息的"仓库"，成为人类大脑的"外挂"，是整个人类社会的信息中枢。

但受限于互联网的边界，基于互联网技术而形成的信息"仓库"还远远不够大，所储存的信息也远远不够丰富。

技术是人体器官功能的扩展，元宇宙可以大大扩展人们获取资讯的能力。国家与国家之间、行业与行业之间、企业与企业之间、组织与组织之间、国家与个人之间、企业与个人之间、组织与个人之间的高速度、高效率资讯联结，将会构成一个庞大的横向网络，这一网络也是元宇宙横向框架的重要组成部分。

元宇宙将会打破互联网的边界，汇集更多、更广的信息，从人到地球到宇宙的所有信息，都可以"一网打尽"。

更重要的是，元宇宙获取信息会更流畅，今天给我们获取信息造成困扰的各类广告、营销内容、垃圾信息将会被彻底过滤掉，语音搜索、意念搜索等将成为可能，届时我们不必再在搜索栏中输入文字。语音搜索将会变得非常成熟，甚至随着生物技术、意识研究等的发展，可能会出现意识搜索，只需在脑海中想一想所需要的信息，脑电波或大脑细胞就可以给智能设备发射需求信号，从而快速实现信息的获取。

科幻照进现实，在全球诸多科技巨头纷纷入局元宇宙的今天，元宇宙的到来并不遥远。

第四章

七大层次，纵横交错的元宇宙架构

1. 基础设施层：支持设备及相关技术

终极的元宇宙是一个虚实相生的数字世界，人不必去区分虚拟世界与现实世界。俗话说，万丈高楼平地起，元宇宙的建设和发展也是如此。如果说，元宇宙的搭建像建设一栋气派的高层大楼，那么和建楼一样，所有工作都必须从打地基开始，而基础设施就是元宇宙的地基，只有具备了相关的支持设备的技术，元宇宙才能不断发展。

总的来说，元宇宙的基础设施层主要包括两个方面：一是支持设备，比如体感设备、全景设备、操控设备等；二是承载相关技术的核心器件，比如芯片、显示屏幕、光学器件、传感器等。

从支持设备方面来看，VR/AR 等设备对元宇宙的重要性可类比智能手机对移动互联网的重要性，设备是实现元宇宙的基础设施，也是元宇宙的硬件入口。尽管元宇宙还处于萌芽阶段，但 VR/AR 等设备早已经不是什么新鲜事物，目前有不少已经进入市场的终端设备，比如 Oculus Quest、Pico、3Glasses、微软 Hololens2、Nreal、爱奇艺 VR 等虚拟现实头戴设备。

未来，元宇宙的支持设备可能是非常多样化的，VR 一体机、PC VR、VR 分体机、AR 一体机、AR 分体机、ODMOEM、各式各样的可穿戴设备、可植入人体的智能芯片等。关于元宇宙的支持设备形态，我们可以发挥更丰富的想象力，未来已至，让我们拭目以待。

从承载相关技术的核心器件看，相关技术正在快速发展，相关核心器件的性能正在不断提升。以网易为例，为了抢占元宇宙这一新领域的发展高地，网易在 2017 年成立了伏羲人工智能实验室，研究方向包括强化学习、自然语言处理、视觉智能、虚拟人、用户画像、大数据与云计算平台，已拥有数字人、智能捏脸、AI 创作、AI 反外挂、AI 对战匹配、AI 竞技机器人等多项行业领先技术，这些技术对于促进元宇宙相关核心器件的发展具有非常大的促进作用。聚焦元宇宙相关技术研究的，并不只有网易一家，一大批头部公司纷纷涌入元宇宙行业，试图在技术、硬件等基础设施层占据一席之地。

总的来说，元宇宙的基础设施层正在以一个非常惊人的速度搭建，2021 年是元宇宙的发展元年，我们正站在一个分叉路口，元宇宙的终端设备与技术究竟会朝着哪个方向发展，时间会给出最终答案。

2. 空间计算层：消除虚实之间的障碍

理论上，数字世界的所有知识、信息都是联通的，数字世界本质上就是一个超级量子大脑。在实践中，现实世界中人与人的脑力是分离的，每个脑子都在做分布计算，但在数字世界中所有脑力都能合一，这是现实中人类完全不可能做到的。

元宇宙最突出的特点就是虚实结合，人在元宇宙搭建的虚拟世界中，其方方面面的体验与在现实中是一模一样的，仅凭人的感知是难以真正分出虚实的。从这一角度来说，元宇宙的实现，必须要消除虚实之间的障碍，那么怎样去打破虚实之间的壁垒呢？空间计算层，就承担着打通元宇宙虚拟世界与现实世界通道的作用。

在互联网世界，一切都可以用数据来表达，在未来的元宇宙时代，一切都是一串数据，现实人的感官、情绪等都可以通过"数字化"的表达映射到元宇宙中，但快速流畅即时性的反映，对元宇宙的后台计算能力提出了非常大的挑战。越精准、越细腻、越趋于真实的场景和画面，就越需要算力。

今天，数字脑的数量已经达到了几十亿，这几十亿个高复杂程度的算力系统相互连接形成了巨大的数字运算网络。人的大脑和数字脑的结合是人类进化史上的一个里程碑，表明人类有能力建设这样一个复杂的算力网络。

尽管，今天的超级计算机已经能够完成人脑难以完成的超快运算，但距离元宇宙所需求的算力，还是远远不够的。一批互联网头部公司正在通过技术来逐渐消除虚实之间的障碍。

2021年10月，Meta人工智能部门发布的VR/AR研究项目"Ego4D"，为公司与全球13所大学和实验室合作项目，训练AI以第一人称理解感知世界。已收集了2200个小时的户外第一人称视角视频，其中有700多名参与者正在进行他们的日常生活。为了专注虚实结合，还专门推出新工具Presence Platform，这款涵盖一系列机器感知与人工智能功能的新工具平台，包括透视AR功能、空间锚点、模块化手势交互、语音交互、键盘追踪、定位等。

一方面是更接近现实的技术表达，另一方面是更趋于真实表达背后的算力。未来，元宇宙的空间计算层必然会取得重大突破，这也将是助推元宇宙走向成熟的重要力量。

3. 去中心化层：自己掌控数据所有权

"去中心化"是互联网、移动互联网的特点。这种"去中心化"给整个社会带来了新的改变。

一是传统权威的影响力被大大削弱，去中心化在一定程度上有反权威的味道，媒体霸主电视影响力的式微就是一个非常典型的例子。

二是去中心化让社会变得更多元，因为专业数字媒体聚集的是专业人士，非专业媒体聚集的是非专业人士，所以有时候去中心化产生的内容常常是伪知识，但这是社会多元化的一种表现，我们需要接受现实。

三是去中心化导致并形成了多中心化的人群聚集，去中心化本身就是人们在不同的场景中重新聚集的过程，在社会中，精英永远是少数，大众往往是围绕精英转的，但是互联网就解构了这一切，让精英的归精英，大众的归大众。大众分享大众的价值和生活，精英分享精英的价值和生活。

作为移动互联网的继承者，元宇宙也是"去中心化"的，而且是比移动互联网更"去中心化"的存在。

众所周知，互联网、移动互联网在给我们带来便利的同时，也带来了新的问题——个人隐私信息的安全。尽管互联网、移动互联网是去中心化的，但在其后台的数据存储等方面还在遵循着中心化的特征，来自四面八方的海量数据信息汇集到一处或几处，形成了数据库，储存在了特定的服务器中。这种信息存储、数据存储的中心化，给信息安全带来了非常大的挑战。尽管，今天的不少互联网企业，都在积极寻求新的解决方法，比如"云计算""云存储"等，但还是没有从根本上解决这一问题。

现在流行的去中心化系统主要以区块链为代表。区块链很好地解决了陌生人之间建立信任的问题。但区块链倡导大家将数据放到公共区域，个人隐私保护就成了一个必须解决的问题。即便短期完美解决了隐私问题，但随着科技发展以及量子计算的实际应用，现有加密技术的安全性将面临巨大风险，此外密码丢失也会给个人带来隐私暴露风险。

未来，元宇宙在信息数据的存储方面，将会克服互联网后台的中心化弊端，实现真正意义上的去中心化，届时每一个在元宇宙中的人或机构，都可以自己掌控数据的所有权，个人信息泄露，机构信息泄露将会成为过去式，信息安全问题将会得到彻底解决。

4. 人机互动层：数字孪生的深层应用

元宇宙内容的生成离不开底层架构，底层架构在元宇宙发展的初级阶段是至关重要的。除了区块链为元宇宙提供经济体系之外，在当下底层架构常见的工具为游戏引擎，游戏引擎再往上将是用于数字孪生、数字原生、虚实共融的平台与架构。

关于数字孪生，早在2002年，美国密歇根大学教授Dr. Michael Grieves就在自己的一篇文章中提到了这一概念，他认为借助物理设备产生的数据，可以在虚拟（信息）空间构建一个可以表征该物理设备的虚拟实体与子系统，并且这种联系不是单向和静态的，而是在整个产品的生命周期中。

以身体区域网络为例，未来每个人身上都会有纳米机器人，可以随时收集并整理人的各个器官运行的数据，从而在互联网世界中形成一个网络孪生生命体，在网络中就可以实时跟踪查看我们的健康状态，倘若身体发现了病变，我们只需借助网络对身体内的纳米机器人发出相应指令，就能够对病变进行干预、治疗。

数字孪生是不可逆转的未来发展趋势，届时也会对整个商业领域产生翻天覆地的影响。人们可能只需借助可穿戴式VR设备，就能随时进入任何一个数字国家、数字城市，尝到各个地方特产的味道，摸到虚拟店铺中的商品，与虚拟店铺中的工作人员进行更密切的情感交流。借助VR设备，我们可以足不出户就体验到世界各地的风情，买到我们感兴趣的商品。

经过十几年的发展，到今天，数字孪生已经形成了国际统一定义，即充分利用物理模型、传感器更新、运行历史等数据，集成多学科、多物理量、多尺度、多概率的仿真过程，在虚拟空间中完成映射，从而反映相对应的实体装备的全生命周期过程。

数字孪生，是在虚拟世界中对已知物理世界的事物进行仿真建模。当人工智能足够智能化，就可以在数字世界中原生出很多内容，用户就可以通过轻便化的工具原创出在现实世界中不存在的内容，即数字原生。当数字原生的东西足够大、足够强盛，必然会反过来影响现实世界，并且与现实世界相互融合，即实现虚实相生。

从技术的角度出发，未来，新一波技术变革一定会深刻影响我们的世界，就像移动互联网一样，如新零售、移动支付、线上便民政务、大数据助力疫情防控等，元宇宙也会重塑各行各业，数字经济将进一步升级至虚实相生经济。

从哲学的角度出发，世界是虚实结合的一体两面，人类社会千年以来一直在追求如何通过虚和实这两方面来更好地认识真实世界，元宇宙可能是这个追求过程中一个更高阶的跃升，元宇宙是囊括现实物理世界的虚拟集合，可以帮助我们人类从虚拟世界出发，更全面地认识客观世界。

5. 创作者经济层：每个人都是创作者

今天的信息传播领域，生产工具与消费工具已经实现了一体化，只需要一部智能手机，我们就可以浏览各种各样的新闻、信息，成为一个标准的传播受众、信息接收者，但同时我们也可以借助手机，在网络上发布图文、视频、音频等来展示表达自己，每一个传播受众都是一个信息和内容的生产者。

互联网和智能终端的发展，大大降低了内容创作的进入门槛。互联网和智能终端就像基础设施，为内容创作、经济新形态打下了坚实的基础。一人一媒体，一人一品牌正在创造着不断刷新纪录的奇迹，以桃子姐、李子柒等网红为代表的自媒体创作者，把个人品牌的力量发挥到了极致。在互联网、移动互联网的整体内容生态中，每个人都是创作者，每个人都可以通过内容创作获得经济上的收入，加入其经济圈层中。

作为移动互联网的继承者，元宇宙中的内容将会更加丰富多彩。我们可以通过一些已经落地的相关应用，窥见元宇宙内容层面的一角。

2021年11月,百度在苹果App Store与安卓应用商店上线了一款名为"希壤"的社交APP,被称为中国首款元宇宙应用。该应用主打沉浸式虚拟社交,用户在登录时完成取名、捏脸等人物塑造,之后便进入了虚拟空间,空间目前只开放了三层,冯唐艺术馆、百度世界大会会场、商品展示展厅,用户在空间内行走时可以与身旁的用户进行交流,也可以在右上角与小度语音互动。"希壤"已经登录百度VR的官网,提供虚拟空间定制、全真人机互动、商业拓展平台三大功能。

元宇宙时代,一切内容均可以被数字化,数字资产的流动性提升或将推动资产价值重估,只有背靠庞大的优质内容资源库,才有望在元宇宙时代的内容供给方面扮演重要角色。

要想激活元宇宙中的内容,就需要依靠一定的经济分配制度去吸引每个人都加入进来成为内容创作者,要让每个人都可以通过内容创作获得合理、合法的经济报酬,这将是维持整个元宇宙繁荣内容生态的重要一环。

需要补充的是,元宇宙中的创作者经济层,必须建立在虚拟货币与现实货币可兑换的基础上,这是最重要的前提,只有当在元宇宙中获得的经济报酬能在现实世界中使用时,激活每个人成为元宇宙内容创作者的可能才能成立。

6. 发现层：进入元宇宙的多样化入口

元宇宙的入口并不是单一的，就像今天的互联网一样，我们可以通过智能手机进入网络，也可以通过电脑、平板、IPAD等进入网络。进入元宇宙的多样化入口，就是元宇宙架构中的发现层。目前，元宇宙的入口主要有以下几种可能。

（1）VR

VR，也叫虚拟现实，是通过VR设备进入到一个虚拟环境中，在这个虚拟环境中，人借助VR设备可以看到立体的、具备空间感的图像，从而产生一种身临其境之感。今天，不少人认为VR眼镜是最有希望成为元宇宙入口的硬件设备，毕竟这一设备已经问世多年，一部分游戏玩家已经切身体验过这种技术带来的"虚拟现实"感。

目前，VR产品已逐步进入消费级层次，零售产品报价在500~4000元之间，已面向C端消费者，VR内容及应用开始发力，其中游戏内容生态已形成爆款游戏驱动用户增长以及用户反哺游戏内容丰富的良性循环。

（2）AR

AR 是一种增强现实技术，在这种技术中，我们身处的环境没有变化，只是计算机图形叠加到了我们通过 AR 设备看到的内容上。AR 更强调与现实交互，目的是为用户提供在真实环境中的辅助性虚拟物体，本质是用户视野内现实世界的延伸。

AR 成为元宇宙入口的关键是如何在虚拟环境里重构现实世界的物体，以实现"现实—虚拟"交互，目前的技术瓶颈主要在算力与算法方面。AR 产品仍然处于发展初期，相关新品的报价在 20000~50000 元之间，主要面向特定企业级用户。

（3）MR

MR 是一种混合现实技术，是 AR 的进一步发展，它所营造出来的是合并现实和虚拟世界产生的新环境，在这个环境里，现实中的事物与数字对象是共存的，并能实现实时互动，增强用户体验的真实感。比如医生通过 MR 眼镜可以清晰看到现实病人身体上的骨骼、神经、血管等的分布，从而方便开展治疗工作等。

（4）XR

XR 是一种扩展现实技术，包含了所有的 AR、VR、MR 领域。高通自 2015 年开始布局 XR 芯片，发展至今已具备能支撑硬件设备的强大性能。2019 年 12 月，高通发布基于骁龙 865 衍生的 XR2，集成了高通的 5G、人工智能及 XR 技术。高通 XR 芯片已被广泛应用于主流 VR/AR 设备上。XR1、XR2 所支持的 XR 平台已经应用于 50 多款商用设备中。整体来看，目前搭载 XR 芯片的设备已经发展至一定量级，有望进入快速增长期。

7. 体验层：突破想象的体验触手可及

未来进入元宇宙的硬件可能但不限于 XR 设备，硬件决定用户愿不愿意进入元宇宙世界，而无与伦比、突破想象的体验，才会决定用户愿不愿意留在元宇宙世界。从这个逻辑上看，体验具有穿透介质的能力，无论内容形态如何变迁，其工具属性都是为吸引用户注意力，为用户提供更好、更优质、更令人满意的体验。

体验层也是元宇宙架构中的重要组成部分，体验的好坏直接关系着元宇宙的发展动力和可持续发展情况。从元宇宙目前的发展来看，游戏世界是与元宇宙世界最接近的存在，我们可以通过网易的 MMORPG 游戏来认知元宇宙的体验层。

目前，网易已有瑶台沉浸式活动系统、虚拟人、星球区块链等元宇宙概念产品落地，并投资多家虚拟人领域内的创新公司，全力推动从前端研发到终端商业场景应用的元宇宙全链路探索。

网易推出的两款产品，赋能 B 端 AR 营销、会展陈设等多场景，值得引起我们注意。其中两点最为突出，一是 AR 内容创作管理平台——网易洞见；另一个是一款增强现实互动投影仪——网易影见。

网易洞见为 AR 创作者提供集全栈技术能力、可视化编辑工具、高效 AR 内容创作及分发的一站式工作流。网易洞见的优势包括：激光视觉融合建图、空间定位与语义化、统一描述语言、可视化空间编辑工具、多硬件兼容性等。

网易影见可将虚拟信息投射至现实空间并与物理世界进行交互，支持平面点击、空中手势、物体交互等互动方式，能够应用于儿童教育、数字展陈等领域。网易影见的优势包括：平面点击、空中手势、实物互动、图像识别等。

此外，网易还推出了能够实现跨游戏流通、跨服务器流通的伏羲通宝，可以帮助玩家进行游戏资产的跨界转移。目前伏羲通宝已经接入了武侠游戏《逆水寒》、玄幻游戏《新倩女幽魂》、动作手游《流星蝴蝶剑》、3D 幻想大作《天谕》等。

总的来说，元宇宙的体验层开发才刚刚开始，未来随着元宇宙内容生态的不断完善，更多不同形态优质内容的接入，虚拟现实技术的不断发展，可以为用户提供更丰富、更优质、更真实的体验。

第五章

生态形成，缤纷多彩的元宇宙世界

1. 元宇宙+政务，虚拟国家与虚拟政府

单个工蜂的智商并不高，但千万只工蜂组成的群体集体"投票"表决来确定的新蜂巢地点，一般不会出现重大失误；单个蚂蚁也没多聪明，但50万只蚂蚁构成的蚁群，可以在无"主管"的情况下良好而有序地运作；一条鲱鱼的力量很有限，但千百条鲱鱼群可以通过瞬间同时改变方向，来躲避天敌；生活在北美的驯鹿，一旦遇到危险，会迅速有组织地朝各个逃生方向奔跑，没有一只会挡住同伴的逃生方向，也从不会发生踩踏事故……

多种多样的动物群体纷纷表现出了群体智慧现象。生命智力学认为：初级生命智力系统经由群体智慧可以设计制造形成更高层次的生命智力系统。其实，人类社会的运转也不例外，在互联网诞生之前，群体智慧的基本单位是国家，每个国家的政府成为群体的智慧"大脑"，从而领导整个国家的人民。

互联网、移动互联网的快速发展，让国家与政府的形态也出现了变化，大数据、云计算等技术，使得国家和政府在互联网上得以构建一个

"数字脑"，其所汇集的信息更全面、更具体，甚至可以精确过每一个公民自己所掌握的关于自己的微小数据，这些庞大的数据，加上具备超强算力的计算机、云计算等技术，国家和政府的决策可以变得更精准、更具体、更科学、更少失误。

以我国新冠肺炎疫情的防疫工作为例，每个人都有一个识别健康状态、行程轨迹的码，每个人购买退烧药信息、接种疫苗情况、核酸检测结果等都纳入到了国家防疫大数据之中，排查密接人员变得更简便快捷。正是借助互联网、智能手机定位、大数据等技术，国家才能实现精准防控。

尽管当前的国家与政府还尚未在互联网领域形成虚拟国家、虚拟政府，但一个"数字化"的政府已经初现雏形。如今，各级政府的各类机构几乎都开设了相应的互联网端口，不管是个人还是企业，网上办事已经成为稀松平常的事情，如网上预约挂号、网上查询个人社保缴费信息、网上报税等，虽然并不是所有事情都能在线办理，但在习近平总书记"让数据多跑路，让百姓少跑路"的指示下，政府信息化、银行信息化、医院信息化……信息化、数字化的浪潮，已经让大众看到了一个数字中国的雏形。

作为移动互联网的继承者，元宇宙是更高级的发展阶段，当虚拟世界与现实世界的屏障被打破，真正实现了虚拟即现实、现实即虚拟，那么国家、政府的形态也会发生非常巨大的变化，届时元宇宙可以让一切政务都变成一种数据、一种流，不管是人还是机构，所有事情都可以足不出户就在元宇宙中轻松快速地完成，而国家和政府也可以充分借助元宇宙实现更高效、更精准的政务管理、各项事业的治理。

元宇宙是什么

2. 元宇宙+数字货币，重塑商业与经济

1948年12月1日，由新成立的中国人民银行印制发行第一套人民币。尽管人民币几经改版，但70多年过去了，我们使用的依然是人民币。

随着中国经济的发展，银行也逐渐推出了银行卡刷卡支付、支票支付等服务，但总的来说，在流通市场上最主要的支付方式还是纸币。直到互联网和电子商务的崛起，让移动支付逐渐走进人们的生活，并渐渐成为主流。

如今，仅靠一部智能手机就可以走天下，出行、就医、住店、买股票、转账等，统统可以通过手机完成，即便是在偏僻的乡镇农村，手机扫码支付也毫无障碍。中国正在无限趋近于"无现金社会"。

为了适应这种发展趋势，中国人民银行早在2014年就成立了关于"数字货币"的专门团队，2019年数字人民币开始在深圳、苏州、雄安新区等启动试点测试。如今，数字人民币正在走进人们的生活，截至2021年底，数字人民币累计开立个人钱包2.61亿个，交易金额875.65亿元。

作为移动互联网的继任者，虚拟即现实的元宇宙，会让我们彻底进入一个"无现金社会"，如果说移动支付把线下的各种商业活动搬到了线上，那么元宇宙+数字货币，也必然会让商业与经济迎来一轮新的变革与重塑。

元宇宙时代，现实货币与虚拟货币将会合二为一，数字货币也会迎来一个从各种数字货币逐渐向全球统一数字货币演变的发展过程。

3. 元宇宙+区块链，一个"四维"的世界

比特币的火爆，让区块链成为互联网领域中炙手可热的概念，尽管我们可以在各大媒体、各种渠道看到"区块链"字样，但对于"区块链"究竟是什么，与比特币又有什么关系，绝大多数人还是缺乏全面、系统的认识。

从本质上说，区块链是一个共享数据库，存储于其中的数据或信息，具有"不可伪造""全程留痕""可以追溯""公开透明""集体维护"等特征。

今天，区块链技术已经在物联网、供应链等领域中被广泛应用。通过

区块链技术，供应链中的每个企业都有助于建立一个永久透明的记录运营信息的分散分类账，将供应链上所有相关利益方纳入同一个管理平台中，使管理流程变得可信透明，并在整个供应链中创建真正的可追溯性，有效防止价格欺诈、付款延迟、运输延迟，省去中间商并有效降低交易费用。

我们很容易看到，尽管手机号码实名制、部分网络平台实名制，国家下大力气打击电信诈骗等，但电信诈骗、网络诈骗依然无孔不入，未来元宇宙是比互联网、移动互联网更脱离现实的虚拟存在，怎样建立协作信任关系是一个值得深入思考的难题。

从应用上说，区块链可以解决信息不对称的问题，能够帮助不同主体之间快速建立协作信任。元宇宙是一个虚拟世界，在这样一个环境当中，人与人之间、人与机构之间、机构与机构之间怎样建立信任关系，如何公平、合理地交易，避免坑蒙拐骗等陷阱，就成为一个大问题。元宇宙＋区块链，可以搭建出一个"四维"的世界，区块链可以跨越现实与虚拟，打造出一个同时适用于虚拟世界和现实世界的"不可伪造""全程留痕""可以追溯""公开透明""集体维护"的新维度，从而保证元宇宙世界的秩序。

4. 元宇宙+5G，"杀手级应用"即将诞生

中国互联网、移动互联网的快速发展，与其通信技术的快速迭代是分不开的，2009 年，工信部批准 3G 牌照，短短 4 年后，中国通信技术开始走进 4G 时代，到了 2015 年，在国家的倡导之下，移动、联通、电信三大通信运营商纷纷开启了提速降费的步伐，随着网速的进一步提升、上网通信费用的降低，中国迎来了移动互联网的快速发展，正是在这样的大背景下，短视频、直播等新应用才能够获得繁荣的发展。

2019 年，工信部批准 5G 牌照，中国开始逐渐进入 5G 时代。对于大众来说，似乎除了 5G 手机、三大通信商提供的 5G 套餐外，基本上感受不到 5G。但实际上，中国 5G 信息通信设备的基建已经在悄无声息中实现了大规模覆盖。

截至 2021 年底，全国累计建成并开通 5G 基站达到 142.5 万个，全国 51.2 万个行政村全面实现"村村通宽带"，建成了全球规模最大、技术最先进的 5G 网络。目前，5G 网络已覆盖我国全部地级市，以及超过 98% 的县城城区和 80% 的乡镇镇区。

5G在应用方面不断扩展,从工业、文旅,到能源、交通,比较典型的5G+工业互联网,远程设备操控等新的应用场景在采矿、钢铁、港口等领域已经实现了深度应用。

一边是5G的快速繁荣发展,一边是元宇宙的大爆发,两者之间会碰撞出怎样的火花呢?业内人士认为,5G会为元宇宙提供更即时、更低价的优质信息传输服务,给力的数据传输支持,必然会促使元宇宙应用的爆发,届时多种多样、丰富多彩的应用场景会如同雨后春笋般快速冒头,形成百花齐放、百家争鸣的繁荣景象,可以预见,"杀手级应用"即将在5G的孵化下诞生。

我们认为元宇宙+5G一定会带来全新的内容,新内容分为两个维度:一是形态的迭代,二是创意驱动。

(1)形态的迭代

从PC互联网到4G、再到5G,从文本到图片、音频、长视频、直播、短视频等,历次基础设施迭代都带来了内容形态的变化。元宇宙有望革新观众与内容的交互形式,以及极大程度地丰富内容展现形式,如影游结合,甚至是增加其交互等其他功能。我们认为未来元宇宙的杀手级内容将集齐四大特征:沉浸式、交互性、更多维度的感官体验、经济体系。

(2)创意驱动

相比于影游等,元宇宙内容面临更大的技术难题,需要更高的研发投入,制作更复杂的元宇宙内容,对制作方的全方位要求更高。因此,我们认为元宇宙时代的新内容一开始创作时就应该以创意为导向,而非流量思维。

元宇宙内容与场景必然百花齐放。内容行业（各类场景的内容），其供给决定需求的行业属性，决定了行业的竞争格局必然是百花齐放。同时，由于元宇宙是囊括了现实物理世界的，其内容会包罗万象，如服装消费（虚拟服装设计）、餐饮（类比线下餐饮＋移动互联网＝外卖业态的兴起）、旅游、教育等领域，探索新营销、新商业化业态等。

5. 元宇宙+XR，虚拟现实的再一步升级

中国著名科幻作家刘慈欣在《三体》一书里描绘了人类的未来，在他看来，"人类的面前有两条路：一条向外，通往星辰大海；一条对内，通往虚拟现实。"今天异常火热的元宇宙，实际上就是那条"对内"的发展道路。

随着视频显示技术、AI、AR、沉浸式技术等的快速发展，虚拟与现实之间的界限正在变得越来越模糊。

在世界进入电气时代以前，现实与虚拟之间的界限是非常鲜明的，虚拟几乎只存在于人类的想象和记录想象、思想、认识的书籍等载体中。电气时代的到来，使得现实与虚拟之间的屏障开始慢慢模糊，我们可以通过

电话与眼前看不到的真实的人对话交流，可以通过电视观看虚拟出来的影像。互联网的发展，大大加速了这一进程，在网络游戏这一领域中，用户获得了越来越真实的场景体验感，沉浸感变得越来越好，一些时间充足的游戏爱好者甚至可以连续很多天都沉浸在一款游戏当中。

现实与虚拟之间的壁垒正慢慢变得越来越薄弱，这是一个不可扭转的发展大趋势，元宇宙的萌芽以及XR技术的发展，使得虚拟与现实之间的界限有望被彻底打破，届时虚拟现实必然会迎来进一步的升级。

今天，虚拟即现实、现实即虚拟的元宇宙被认为是下一代互联网的新形态。从某种角度来说，元宇宙并不是一个新的概念，与一个新概念相比，它更像是一个经典概念的重生，是建立在XR、数字孪生等技术基础之上的一种概念具体化。

业内人士认为，XR新硬件的推出将带来两个发展的主要方向：一是纯虚拟的VR方向；二是AR增强。这两大方向将进一步延伸硬件作为人的"器官"的功能性。但严格来说，VR与AR两者并不相同，两者有着比较鲜明的差异。

一是目的不同，VR更强调虚拟，目的是提供一个完全的虚拟化三维空间，令用户深度沉浸其中而不抽离；AR则更强调虚拟与现实的交互，目的是为用户提供在真实环境中的辅助性虚拟物体。

二是实现方式不同，当下主流VR技术是通过用户位置定位，利用双目视差分别为用户左右眼提供不同的显示画面，以达到欺骗视觉中枢、制造幻象的目的；AR技术则是通过测量用户与真实场景中物体的距离并重构，实现虚拟物体与现实场景的交互。

三是所处的发展阶段不同，VR软硬件生态趋于阶段性成熟，面向C端消费者，VR内容及应用开始发力，其中游戏内容生态已形成爆款游戏驱动用户增长以及用户反哺游戏内容的良性循环；AR则尚存技术难点，主要面向B端企业用户。

未来，随着XR技术的不断发展，现实与虚拟的边界会变得越来越模糊，这将为元宇宙的发展提供坚实的技术基础。

6. 元宇宙+大数据，一切都会变成数据流

合作一直是生物生存进化的主流方向，群体合作可以形成更高层次的生命智力系统，从而为躲避天敌、应对灾难等提供更有力的支持。作为生命智力的重要表现形式，"群体智力"的特点与群体成员的数量相关，当群体数量高于某个阈值时，该群体会形成更高的智力水平。

目前，全世界总人口数高达70多亿，和很多动物群体会有"群体智慧"一样，人类社会也有一个"看不见的脑"——群体智力，如何唤醒群体"看不见的脑"是摆在人类社会发展面前的一个重大问题。

群体智力并不是凭空形成的，即便群体数量很多，但倘若群体中的个

体之间缺乏联系，那么群体智慧也无从诞生。在互联网诞生之前，人与人之间的联系明显是不足的，一个一辈子生活在海岛上的渔民很难和生活在牧区的普通牧民建立起联系，但互联网突破了空间上的限制，让身处不同地区的人们也可以迅速建立更紧密的联系，这使得唤醒群体"看不见的脑"成为可能。

今天，大数据在组织决策、商业决策、国家决策等层面发挥着越来越重要的作用，大数据+云计算，为"群体智力"的作用发挥提供了技术基础。

元宇宙是移动互联网的高级形态，在元宇宙高度发达的阶段，小到每一个自然人的情绪状态、每时每刻的健康状态，大到一个国家或地区的细微变化，都会被网罗其中，从而形成一个比今天的"数字中国"，更庞大、更广泛、更精细、更深度、更全面的大数据，届时我们今天在科幻小说中看到的掌管一切事物的"主脑"将成为现实。

在元宇宙时代，一切都会变成数据流，包括今天难以数字化的感受、情绪、触觉、味觉、嗅觉等。可以预见的是，元宇宙与大数据的碰撞，会诞生新的秩序。

每一个现实中的自然人，在元宇宙之中都会有唯一的虚拟身份，现实中的自然人与元宇宙中的虚拟身份通过相互之间的交互，可以产生自然人网络与虚拟身份网络，在两个网络高度耦合的情况下，一个跨越现实与虚拟的巨大的数据库或者说智慧云就会形成，其无所不包、无所不能包。

经过互联网的繁荣发展，我们具有了利用技术手段建立数字世界的能力。这个数字世界是规则导向的,我们可以将各种算法、大数据、人工智能加入数字世界里,成为其规则的一部分。未来,元宇宙时代,大量数据的计算规则将会由强大的人工智能完成,人力可以得到更大的解放,每个人都可以去做实现自我的事,整个世界也会更加美好。

7. 元宇宙+3D引擎,3D内容需求即将爆发

引擎一词似乎并不难理解,汽车引擎是指汽车发动机,但说到互联网行业的引擎,非行业内人士,就很难理解引擎是什么,3D引擎又是什么?

要说3D引擎,就绕不开其诞生来源。20世纪90年代,在游戏行业出现了3D引擎,《德军司令部》(Wolfenstein 3D)就是当时一款使用3D引擎制作的经典游戏,这是一款第一人称的射击游戏,这款游戏诞生之前,绝大多数游戏都是2D游戏,也就是游戏的画面中只有X轴和Y轴,曾经风靡一时的《冒险岛》就属于2D游戏,此外我们非常熟悉的《贪吃蛇》《俄罗斯方块》也属于2D游戏,2D游戏的典型特征是,画面中的人物、场景都是平面的图像。

《德军司令部》(Wolfenstein 3D)在2D游戏X轴和Y轴的基础上,增加

了 Z 轴，让画面一下子有了纵深感，使得向前向后移动成为可能。从 2D 到 3D，这样的转变是巨大的，此后市场上出现了一大批 3D 游戏、动画，今天我们看到的越来越有真人感的国漫动画就是其一。

所谓"3D 引擎"，简单来说就是一种开发工具，可以将现实中的事物抽象化表现，进而在计算机进行相关计算后，最终输出 3D 图像的算法的集合。如果说，元宇宙是从虚无中生出一个新的世界，那么 3D 引擎就是建立元宇宙这个"虚拟现实"世界的工具。

3D 引擎需要具备两个最主要的功能：一是渲染，只有无限趋近于现实的渲染，才能够让元宇宙真正成为一个虚拟即现实、现实即虚拟的新世界，才能真正打破虚拟与现实之间的界限和藩篱；二是交互，自然人与虚拟身份、虚拟身份与虚拟身份、虚拟身份与人工智能无卡顿、即时高效的交互元宇宙的核心，只有拥有强大的交互能力才能真正提升元宇宙的沉浸感。

3D 引擎与元宇宙关系密切，没有 3D 引擎，元宇宙就难以实现，3D 引擎技术的不断发展会不断促进元宇宙的发展。如今，在元宇宙与 3D 引擎的碰撞中，基于元宇宙的 3D 内容需求将会全面爆发。

在未来的元宇宙中，3D 内容需求是非常多样化的，除了游戏、动画、动漫之外，虚拟展览、虚拟活动、虚拟商品展示、虚拟形象设置、虚拟家园、虚拟街道、虚拟商业、日常社交等，都会激发出非常庞大的 3D 内容需求。

元宇宙时代，内容为王的法则不会变，未来，谁能抓住 3D 内容需求，谁就能在元宇宙这片商业蓝海中占据更多竞争优势。

8. 元宇宙+算法，智能化的元宇宙大脑

互联网、移动互联网彻底改变了人们的生活：足不出户就可以依靠网络买到各种各样的商品；轻轻松松就可以与远在异国他乡的人视频通话交流；出门不必携带现金和信用卡，日常生活基本可以实现无现金支付……

绝大多数人都会把眼光聚集在互联网、移动互联网带来的各种新现象上，我们要想真正认识互联网、认识元宇宙，就一定要透过现象看本质。互联网以及元宇宙，本质上都是计算文明，支撑各种各样现象的背后，是算法，如果说互联网、移动互联网和元宇宙像一个人，那么算法就是智能化的大脑。大脑性能的高低、智慧的多少，直接决定着元宇宙未来的形态。

纵观近百年的计算文明，随着入网硬件的迭代和发展，计算文明也在随之不断进步。

（1）第一次计算文明

个人电脑＋互联网是最早的计算平台，人类借此拿到了进入数字世界的钥匙。在这一阶段，计算文明获得了初步发展，但并不广泛。由于个人

元宇宙是什么

电脑价格较高，并不是每个人都有足够的经济能力购买一台个人电脑，这就影响了入网硬件的普及。当时，互联网只在一部分人群中普及，比如企业职员、经济条件较好的中产阶级、教育机构、热衷新事物的年轻人等。

（2）第二次计算文明

智能手机+移动互联网形成了第二次信息科技浪潮，打开了人类进入数字世界的大门。在这一阶段，计算文明获得了令人惊讶的发展。一系列国产智能手机品牌崛起，小米更是把智能手机带入了千元时代。一方面是价格越来越平民化的智能手机终端，一方面是人民的收入稳步增长，使人手一部智能手机成为现实，即便是年龄较大的老年群体也基本上都拥有智能手机终端，如此大的普及度，让移动互联网涵盖的范围更广、人员更多，一个基于智能手机的虚拟全民网络基本形成。

（3）第三次计算文明

今天，我们正处于VR/AR设备等穿戴设备取代手机这一信息平台的交互升级中，而元宇宙就是下一代计算平台。尽管元宇宙还处于萌芽发展阶段，但我们已经看到了第三次计算文明的曙光。

自然人进入元宇宙，最重要的技术就是在元宇宙中生成与自然人对应的虚拟数字人。生成虚拟数字人有两种技术路径：一是在最初以3D建模/CG技术将虚拟人尽可能逼真地绘画出来，而后续虚拟数字人的语音表达、面部表情、动作由AI深度学习模型的算法进行驱动；二是建模与驱动均基于AI算法。不管是哪种路径，都离不开强大算法的支持。

9. 元宇宙+商业，从市场到消费的大变革

元宇宙是一个不同于现实世界的新世界，这个新世界的建设、规则完全依靠人的作用，这也就不难理解，为什么说元宇宙会重构整个商业和经济领域。

未来，随着元宇宙时代的到来，从市场到消费都会迎来一场颠覆性的大变革。

（1）虚拟数字人的商业化

元宇宙建设一个非常重要的底层基础，就是虚拟数字人，如今虚拟数字人在商业领域已经获得了一定的发展，参照日韩虚拟数字人的发展，再结合目前国内发展现状，我们认为虚拟数字人将率先在文娱、广告、虚拟代言人等领域实现商业落地。

今天，国内部分互联网公司、传媒公司、消费品牌已陆续布局，通过推出虚拟数字人，探索多元的变现路径，其主要有以下几点：

一是文娱产业的虚拟直播、虚拟偶像等应用。虚拟数字人的培养一定程度上也是文娱公司自有 IP 的培育，早期虚拟偶像破圈较为成功的当属

日本的初音未来与国内的洛天依，韩国虚拟数字人市场为虚拟模特、虚拟偶像两大类型，虚拟模特以超写实风格为主流。目前国内已有传媒或经纪公司布局虚拟数字人，如湖南卫视的"小漾"、抖音虚拟人UP主"柳夜熙"等。

二是服务于广告变现。虚拟数字人已经成为电商营销升级的新载体，现有诸多应用案例，如翎Ling与AYAYI。

三是消费品牌将培育自己的虚拟形象代言人。品牌方开始尝试自主打造虚拟人形象作为品牌代言人。近两年，除了有虚拟偶像与品牌合作之外，有一些消费品牌开始主动打造属于自己的虚拟形态代言人。

（2）虚拟艺术品的商业化

2021年3月11日，来自昵称"Beeple"的美国艺术家迈克·温克尔曼（Mike Winkelman）的NFT作品《每一天：前5000天》以约6900万美元的天价成交；8月27日，NBA球星斯蒂芬·库里以18万美元购买BAYC的NFT作品。以上事件推动了NFT的出圈，市场关注度大幅提升，这种加密领域的最新热潮正在改变人们在数字领域买卖商品的方式与流通频次。

国内NFT市场大约从2021年下半年开始活跃。2021年10月，王家卫导演推出的首个电影NFT作品《花样年华———一刹那》以428.4万港元完成拍卖，这段内容为首天拍摄中的未披露剧情片段，仅发行1版，时长1分31秒，记录的是戏里张曼玉与梁朝伟拍摄的第一天，也记录了王家卫导演灵光乍现的刹那。

关于虚拟艺术品这一商业领域，字节跳动、腾讯、小红书等纷纷布局，字节跳动推出"TikTok Top Moments"系列NFT、腾讯发放公司周年纪念版NFT、小红书推出数字藏品平台……

元宇宙正在推动无数商业活动以一种匪夷所思的方式进行变革，这种变革是突破绝大多数人想象的，未来已来，让我们拭目以待。

10. 多样的业态，构成元宇宙的生态系统

今天，我们还难以窥探到元宇宙的整个业态和完整生态。在业内人士看来，VR游戏是最接近元宇宙的存在，我们不妨从游戏的角度去探究元宇宙的生态系统。

我们可以通过互联网时代内容业态的发展去推演元宇宙时代的生态形成过程。

（1）单人体验式内容

在这一阶段，单人体验式内容会加入沉浸式属性。就好像互联网早期的内容主要是黄页等非常简单的信息展示一样，在目前元宇宙的发展阶段，市场上大部分VR内容也都是单人体验模式。

（2）小范围的交互内容

在这一阶段，单人体验式 AR 内容，会逐渐加入社交的属性，慢慢实现小范围的交互。不过，今天的通信网络、技术还难以承载太多人进行实时互动，元宇宙内容发展要想进入这一阶段，还有待通信网络和相关技术的发展。

（3）支持大规模多人在线

当技术发展到一定阶段后，元宇宙内容也会变得越来越成熟，可以同时承载越来越多的人进行交互，但在这一阶段，互动性还只停留在小范围的、简单的交互。

（4）支持多人实时在线、可交互

高度发达的元宇宙，所对应的元宇宙内容也是终极的，实时刷新、实时互动、高度仿真会带来非常好的沉浸式体验。在这一阶段，元宇宙中的内容生态可承载同一空间内的多人实时在线，而且可以实现非常复杂的交互。

根据虚幻引擎官网的数据，《黑客帝国：觉醒》整个游戏中的城市地图大小达到了 16 平方公里，且整个城市是"活的"，即使是在玩家的视野之外，道路上的车辆、行人都会在 AI 的驱动下不停地演算"生活"。在这个演算的工作流里，玩家修改输入规则之后，整个城市将随之发生变化，被新指令重新定义。

除了游戏之外，线上展览、线上旅行、线上餐馆、线上商城、线上社交、线上娱乐、线上表演等都会根据人们的需求衍生出多种多样的业态，这些丰富多彩的业态会让元宇宙成为一个海纳百川的生态系统。

值得注意的是，元宇宙的互动内容是动态、身临其境的，尤其涉及观众可以与之交互的角色时，用 AI 技术提供交互式叙事已经成为一大趋势。AI 技术驱动的内容创作能够减少媒体制作与后期制作的成本、时间，给创作者提供全新数字体验的同时，也会激发更多人、更多机构积极参与到元宇宙业态的建设、创造当中来，从而让元宇宙像自然界一样不断演化。

第六章

行动指南，摸清元宇宙的产品逻辑

元宇宙是什么

1. 元宇宙时代的产品

2021年是元宇宙发展元年，产业规模达到了1800亿美元，据业内专业人士预测，未来元宇宙的产业规模将会以每年17%的复合增长率快速增长，预计到2025年可以达到3900亿美元的规模。

站在元宇宙时代的入口，尽管我们已经看到了诸如Oculus Quest等AR硬件产品，以及Roblox、Axie Infinity、The Sandbox Game等游戏产品，也看到了百度推出的希壤、华为推出的河图等，但目前能够看到的应用，严格意义上来说，还算不上是元宇宙时代的产品，最多只能算是各企业在创立属于自己的小型元宇宙，各宇宙之间的连接性还不足以给用户提供一个来去自如的虚拟现实世界。

那么，未来元宇宙时代的产品究竟是什么样的呢？总的来说，元宇宙时代的产品可能具备以下特征：

（1）开发成本低

元宇宙时代的产品分为两类：一类是元宇宙入口的硬件设备以及人们在现实世界中所需的各类产品；另一类是在元宇宙中所需的各类虚拟产

品，比如元宇宙游戏、元宇宙娱乐活动等。

不管是现实世界中的产品，还是元宇宙中的虚拟数字产品，随着人工智能技术的不断发展，元宇宙时代的产品开发成本将会变得非常低，产品开发的周期和时间也会变得非常短，自然人的时间和精力会被极大地解放出来，人工智能会同步高频参与到现实世界产品生产和虚拟世界产品的构建上。届时其成本的低廉，可能是我们今天难以想象的。

比如，很多游戏公司为获得进入元宇宙时代的门票，他们通过对已有产品"换皮"，修改场景或者代码，就可在五天的时间内，上线出一款"全新"的元宇宙入门级别新产品。这种新产品的开发速度和其非常低廉的成本，预计会成为元宇宙时代产品的一大典型特征。

（2）更加个性化

今天，我们所能够购买到的实物类产品，基本上都是工业化大生产的产物。由于是批量化生产，我们使用的电器、穿着的服装、佩戴的饰品全都是缺乏个性的，即便是工艺品，也往往是批量制造出来的，人的个性化需求难以被满足。未来，元宇宙时代，强大的人工智能会以极低的成本充分满足我们每个人的个性化需求，人工智能可以更好地建立需求与人之间的联系。

此外，元宇宙时代的产品会偏重满足人的精神需求，未来不被物质所限制的人类，将会更注重自己的精神需求，能快速满足其精神需求的产品，能给人带来更好体验的产品，必然会获得广泛欢迎。

2. 沉浸感：沉浸感强的产品将是刚需

元宇宙最大的特征就是"虚拟即现实，现实即虚拟"。就如同2D动画到3D动画的转变一样，元宇宙时代的产品将会给人带来无与伦比的感官刺激，引领社会进入到一个更具科技感、更具吸引力的新纪元。

就像互联网、移动互联网时代的游戏一样，元宇宙时代的产品除了会更具沉浸感，更具吸引力，也会更具"沉迷"性，这意味着届时沉浸感强的产品将是刚需。

能够想象的是，为了防止人们过度沉迷于元宇宙而忽视现实中的身体健康、心理健康等，国家也许会出台相关的"防沉迷"措施，比如未成年在线上超时自动下线、在一定时间后自动弹窗提醒休息、吃饭、喝水、睡觉等。

沉浸感，是我们面对VR、AR等各类硬件产品在反复重申的一个重要概念，字面上也比较好理解，就是人全身心地融入其中的程度，所谓"沉浸感"，我们可以将其看作是空间上的临场感。比如身处雪地之上，我们会看到一片白茫茫，能感受到脚下雪蓬松的质感，走路能听到雪被踩踏的声音，大风刮来能感受到风中夹杂的雪粒扑到脸上，鼻子能呼吸到雪后清新的空气，这就是空间上的临场感，如果我们能在 VR 游戏中的雪地场景中，获得完全相同的感受，那么就说明这一 VR 游戏沉浸感很好。

目前，元宇宙还处于萌芽发展阶段，触觉、味觉、嗅觉的虚拟化还尚未实现，这也就使得今天的 VR、AR 类产品，难以做到百分之百的沉浸感。尽管有些虚拟场景已经越来越趋近于真实，但身处其中的人很容易分清这就是虚拟场景，而不会将其视为现实场景，这说明，实现百分之百的沉浸感，还有一段很长的路要走。

未来高沉浸感的元宇宙产品，一定具备非常丰富的高仿真的环境模型。人的感知是相互联系、相互影响的，而且是通过多渠道获得的，元宇宙时代的高沉浸感产品，一定是能实现人的各种感知数字化的，所创造出来的场景一定是完整的，而不是只有视线内的场景拟真，其他场景都是缩略或省略的。

此外，一个很容易忽视的因素是人，当人的精神不集中时，沉浸感会大打折扣。一个 2 小时后必须做某事的人，与一个整天时间都自由支配的人，两者的沉浸感是完全不同的，人工智能要尽可能为人们提供更好的沉浸环境，大大解放人的时间和精力，这也是元宇宙发展必须要完成的目标。

3. 身份感：好产品可以强化虚拟身份

在社会文化领域，我们正在经历一场开放式变革，社会文化与舆论对特定身份的人，变得越来越宽容。

一方面，这种开放式的社会文化变革让人们感受到了更多的自由，另一方面，也让更多人开始自我思考，我是谁，我要做什么，我因什么而不同。今天的互联网购物消费行为，逐渐成为一种寻找自我身份认同的方式或渠道。

购买职场通勤服饰，往往并不是因为缺衣服穿，而是职场服饰恰恰满足了这一类用户关于"职业白领""职场精英"的身份认同；购买奢侈品牌，消费者看重的常常并不是商品的实际使用价值，而是商品可以很好地彰显"优越感""高雅"，这与"我比普通人高一等"的身份认同不谋而合；购买专业跑鞋、户外运动鞋，究其消费行为的根源，也是为了寻找"运动达人""健康活力"的身份认同感。

越是自由、宽松、价值观多元化的社会，大众就越想寻找身份认同。作为移动互联网的继任者，元宇宙会是一个比互联网更自由、宽松、多元的社会，届时可以强化虚拟身份，能够彰显身份感的产品才是好产品。

海量消费者寻求自我身份认同带来了非常巨大的市场。喜茶、猫爪杯、脏脏包、爆浆蛋糕……这些商品的爆红，单纯从商品的稀缺和使用价值上来看，是很难解释通为什么有那么多人宁愿花高价、跑很远的路、排几个小时的队也要买的市场现象。实际上，这是文化主导影响下的行为，绝大多数年轻人都希望自己潮流、小资，并讲究生活的品质，那么这些对身份的认同，要靠什么来体现呢？很显然，这些网红商品为年轻人提供了绝好的自我身份认同道具，无道具不标签，缺少了体现自己潮流、小资、讲究生活品质的道具，还如何更清晰地定义自己呢？所以排队高价买网红商品也就不足为奇了。

这种现象，可以视为元宇宙产品特性的一种雏形，在消费活动中，商品本身的使用价值正在变得越来越不重要，大众更关心的是商品背后所代表的身份标签、文化内涵，只要能戳中他们的所需要的点，他们愿意为此付出更多的金钱、精力和时间。

4. 低延迟：元宇宙中一切都是同步的

打游戏时，突然遭遇卡顿，鼠标点了好几下都没反应，等好不容易卡顿结束，发现队友因为自己的失误已经阵亡；赶着时间点上班，着急用钉钉打卡，好巧不巧网卡了，钉钉打卡的页面半天没出来，本来可以不迟到结果给整迟到了；疫情当前，进入公共场所都要打开健康码进行扫码登记，看着和自己一起同行的伙伴们，早就登记好了，自己还没进入健康宝的扫码页面……

这些事情在生活中司空见惯，常常让我们抓狂。其实，我们所感受到的不便，是典型的"延迟"带来的副产品。

网络延迟、信息传输延迟、智能设备运行延迟……都会带来非常糟糕的体验。这也正是互联网、移动互联网以及今天智能设备的普遍"痛点"。

未来，随着元宇宙的快速发展，高带宽、低延迟、超快传输速度将会赋予一切产品更优质的体验。在元宇宙中一切都是同步的，我们在现实世界中的一个表情、一个动作，会即时映射到元宇宙中，就像我们照镜子一样自然、无卡顿，间隔时间将完全可以忽略。

在这样的大环境下，只有具备低延迟特性的产品，才会获得大众的认可和喜欢。从目前的情况看，我们距离低延迟、完全无延迟的阶段还有相当长的一段距离，一方面5G等通信技术还需要继续革新和发展，通信基础设施建设也要进一步完善、普及，另一方面，低延迟也对算力提出了更高、更快的要求，只有在极短的时间里完成庞大的计算，才能在保证场景真实度的基础上实现低延迟，甚至是无延迟。

俗话说"心有多大，舞台就有多大"，元宇宙时代，人的思维速度有多快，信息的传输速度就会有多快，一个完全没有延迟的虚拟世界即将到来，届时我们每个人都能体验到"所思即所得"的美妙感受。

5. 多元化：更丰富、更多样化的选择

互联网、移动互联网大大扩展了每个人的选择。在互联网诞生之前，我们购买服装，只能从当地的服装店、商场等现有的服装中挑选；在互联网诞生之后我们可以在全国的服装商家中挑选自己中意的服装。在互联网诞生之前，我们购买食品，往往只能买到当地商家提供的食品；在互联网诞生之后我们可以轻松买到任何一个地区的特色食品、进口食品。在互联

元宇宙是什么

网诞生之前，我们只能在电视、广播、报纸中获得信息；在互联网诞生之后，其大大扩展了我们的信息来源，新闻 APP、个人博客、自媒体、短视频、社区等都是我们信息获得的来源。

……

不管是从商品的丰富程度，还是从信息的丰富程度上来说，互联网、移动互联网都让整个社会更加多元化了，我们每个人都有了更丰富、更多样化的选择。

作为移动互联网的继承者，元宇宙将会比今天的互联网更加多元化，多元化的产品与信息，意味着元宇宙时代的人们能够拥有比今天更丰富、更多样的选择。

未来，元宇宙时代的产品一定是非常多元化的，这种多元化主要会体现在两个方面：

（1）商品和服务的多元化

元宇宙时代，每个人都是生产者，每个人都是消费者，届时商品和服务的提供者将会从今天的大企业解离成一个个的人，与此同时，大量的人工智能也会加入进来，成为商品和服务的提供者，我们将会有更加丰富、多样的选择。

（2）商品和服务的个性化

正如"一千个人眼中有一千个哈姆雷特"一样，每个人的需求也是独一无二的，今天的工业化大生产模式和互联网头部企业越发壮大的情形，让我们的个性化需求难以得到满足，尽管我们比传统时代有了更丰富、更多样化的选择，但距离"所想即所得"还有非常大的差距。元宇宙时代，个性化将会得到充分彻底的释放，人工智能可以依托高超的自动化技术，真正满足每个人的需求，而且能够根据每个人需求的变化不断调整其产品或服务的供应。

在未来的元宇宙时代，统一生产、统一销售、统一提供的产品将会逐渐消失，只有无限多元、无限细分、随便定制的产品，才能满足人们的需求，从而赢得市场。

6. 无限感：无时无界，随时随地沉浸

纵观互联网的整个发展史，就是一个克服有限的过程。

最初的电脑只能联结成一个非常有限的局域网，网络范围的有限，促使其不断朝着更大范围的网络发展。最初的电脑是大脑袋显示器，整个机器都很笨重，不方便移动，这种限制促使其计算机硬件不断升级，并诞生出了越来越轻薄的笔记本、掌上本、IPAD、智能手机等网络终端。

最初网络上的信息非常有限的，但随着接入网络的人越来越多，网络上的信息、应用也在不断繁荣，从搜索不到多少信息，到点击一次鼠

标就可以搜索到海量相关信息，通过互联网获取的信息和知识慢慢趋向于无限，不管是什么稀奇古怪的问题，我们都能够通过网络找到相应的答案。

从难以移动、携带的台式计算机，到个人笔记本电脑，再到可以随时随地携带使用的智能手机，我们越来越不被"有限"限制。众所周知，最初连接网络是需要插网线的，随后人类发明了无线网络，直到今天我们普遍使用的智能手机，已经彻底摆脱了线路的控制。

元宇宙是移动互联网的未来形态，它将会比今天的智能手机更自由，随时随地都可以接入网络，接入网络的方式方法也会更便捷。这也意味着，元宇宙时代的商品一定是具备"无限感"的，产品的使用没有时间的限制，随时都可以使用，元宇宙是永续性的，因此购买产品几十年后再使用也可以满足人们的需求，产品的使用是没有界限的，在哪里都可以使用。

未来，人的时间和注意力就是金钱，就是最宝贵的商业资源，谁能争取到更多人的更多时间，谁就可以获得竞争优势。方便任何人在任何地方随时随地获得沉浸式体验，必然是元宇宙时代商品的基础属性。

7. 经济系统：一切都可以是数字化的

元宇宙是一个虚拟现实空间，未来，随着元宇宙的逐渐发展，一定会诞生具有独立性的经济系统和运行规则。在元宇宙中，人人都拥有自己的虚拟身份，都能够以虚拟身份在元宇宙中从事内容创作、价值交换等经济活动，届时，一切都将可以是数字化的。元宇宙中的虚拟货币与现实世界的货币也会互兑互通。

众所周知，只有加入一个经济系统中，才能在其中如鱼得水地开展经营活动。倘若一个商家，在中国售卖商品，但只接受美元支付，不接受人民币支付，或者在美国售卖商品，但不接受美元支付，只接受其他货币支付，那么结果可想而知，一个游离在主流经济系统之外的商家，是很难抢占其市场的。

未来，元宇宙时代，所有商品一定是融入元宇宙独立经济系统的，这也是其在市场存在的前提和条件。元宇宙时代，是一个商品、选择极度丰富的时代，一个没有融入元宇宙经济系统的商品或商家，是没有生存土壤和空间的。

目前，区块链技术可以看作是元宇宙经济系统的基础。区块链的数据存储方式是一个分布式数据库。常见的例子有比特币和以太坊，还有IBM的超级账本等。区块链最典型的特点是防伪、防数据变更，这意味着区块链很可能会成为元宇宙虚拟货币的基建性技术。今天，每一个区块链生态的建立和发展实际还是被少数人控制的。各个区块链系统之间的跨平台沟通还是非常困难的，其未来的发展道路还比较漫长。

可以预见的是，在元宇宙高速发展的野蛮生长期，一定会出现各种各样的虚拟货币。一大批互联网头部公司纷纷打造自己的元宇宙小系统，已经可以窥见其虚拟货币种类繁多的端倪。对于一个经济系统而言，货币权是一个至关重要的权力。

8. 情感需求：虚拟世界的真实社交

虽然元宇宙是一个虚拟现实世界，但每一个虚拟形象的背后都是一个真实的自然人，自然人在虚拟世界的社交是真实的，是能够满足其情感需求的。

从大众的需求方面来看，马斯洛理论将人的需求分为生理需求、安全需求、社交需求、尊重需求和自我实现需求，这五大需求可以归结为两类，即功能性需求和精神需求。今天，中国的广大消费者们早已经满足了吃穿住行、安全、社交等功能性需求，在这样的大背景下，大众的精神需求呈现集中爆发状态，随着元宇宙时代的到来，越来越多的人会花费大量时间和精力沉浸在元宇宙营造的虚拟现实中，在这样的大背景下，人的情感需求一定会在元宇宙空间中迎来一个大爆发。

未来，元宇宙时代产品的一个主要逻辑就是"情感"，能满足大众情感需求的产品才是好产品，才能够更好、更快地占领市场。

物品消费时代正在渐渐成为过去式，情感消费的新时代正在慢慢到来，"我买我高兴""我买我愿意"已经成为一种主流的消费方式，人们在购物时，更关注的问题将不再是商品的数量、质量、价格，而更多是为了自身情感上的满足。也正是因为如此，能够满足大众情感需求的产品才会成为未来元宇宙时代的主流。

在消费行为越来越趋于感性的今天，消费者在购物时，更在意环境、气氛、品味、享受等，与浓浓"商业味"相比，带有情感的产品则要温暖得多。带有情感的产品可以为消费者营造一个温馨、和谐、放松、充满情感的购物环境，更容易让商家与消费者建立长期友好的关系。

元宇宙时代，海量的商品、更多的选择，要想增加消费者黏性，提升消费者忠诚度，就一定要与消费者建立情感上的连接，与他们的内在真实情感建立连接，这种更深层的联系可以帮助商家牢牢抓住消费者，从而在激烈的竞争中立于不败之地。

第七章

应用场景之政务层面的大变革

1. 元宇宙应辐射全民和所有政务组织

当前,数字经济已经成为中国经济发展的重要引擎,电子商务、直播带货、共享经济等新业态,对政府的政务服务提出了更高要求,大力推进电子政务建设是大势所趋。政府数字化转型,已经成为引领数字经济和数字社会发展的重要抓手。

2019年5月,国家政务服务平台上线试运行,这是全国一体化政务服务平台的总枢纽,平台联通32个地区和46个国务院部门,可以为公民个人、各类企业提供多样化的基础线上服务。近几年,"数据多跑路,群众少跑路""一网通办""智慧政务"越来越多地出现在政府的各种会议、报告之中。数字中国、数字政务的雏形已经显现。

未来,元宇宙时代,政务组织将会迎来一场新的革命。通过元宇宙辐射全民,每一个人与政务组织的联系将会更加紧密,政府的决策将会更加科学、合理,发展不平衡、不充分的矛盾会逐渐消失,更高效的资源分配、调配机制将会出现,从而带来一场颠覆性的系统革命。

以政府提供的"医疗"这一公共服务为例,今天"看病难、看病贵"

是群众反映非常突出的一个问题，未来，元宇宙时代，可穿戴的智能设备可以随时监测人的身体健康状况，并将这些健康数据即时上传到元宇宙中，从而生成一个非常详细的实时的健康动态系统，不仅能够快速诊断疾病，还可以做到精准的健康预测，有了对全体公民的数据健康监测，那么更合理调配医疗卫生资源、做出更科学的医疗卫生决策将是一件很轻松的事情。

一直以来，教育都是国家大事，也是民众关注的重点问题，未来，元宇宙可以为每一个祖国花朵的心理、健康、成长、发展提供适合个性的最优策略，这将彻底改变今天的教育模式，充分发掘出未来一代的发展潜能，形成一种新的教育形态。

经济的无序发展，造成的资源浪费、环境污染，在未来可能将不复存在。元宇宙可以汇集比互联网更广泛的信息，数据就是生产力，数据就是不可替代的发展资源，依托元宇宙更加广泛、精准的数据，避免重复建设、资源浪费，更合理地配置资源，将成为一种高效的政务管理手段。

元宇宙在政务网络上的应用价值，并不仅限于此，相信随着元宇宙的逐渐发展，将会开发出更多、更实用、更高效的应用方式。

2. 元宇宙的基建工作依托政府主导

在今天的互联网时代，去中心化已经成为一种主流。以社交媒体为例，媒体碎片化导致了一个"万物皆媒"时代的产生，这是一个中心化思维撞墙，而多中心思维和去中心化思维欢腾的新时代。媒体碎片化的一个结果，就是个体在互联网开始投射自己的声音。互联网让每一个人都获得了自主生产信息的能力。在线上社交媒体中，每个人都同时扮演着信息发布者、信息传播者、信息接收者的角色，意见领袖的去中心化，使得整个社会的意识形态、行为预期都变得越来越缺乏边界。

作为移动互联网的继承者，元宇宙也是去中心化的。但非常有意思的是，元宇宙的基建工作却反其道而行之，需要依托政府主导，运用中心化的方式才可能实现和完成。

元宇宙的基建工作是一个非常庞大的工程，其中包括通信设备的普及、人工智能技术的快速发展、算法算力的提升等。一边是庞大的工程，一边是资金、技术、研发能力都非常有限的一个个个体或企业，很显然仅仅依靠几个人或几家公司是很难完成元宇宙基建的。

目前社会上主要有两只手，一只是看不见的"市场"之手，然而依靠市场是难以完成元宇宙基建工作的，在元宇宙萌芽发展初期，很多基础性的工作注定是难以盈利或未来很长一段时间都无法盈利的，市场和资本的逐利性会让其放弃元宇宙基建的工作，比如在人迹稀少的山区建设通信基站，在人工智能不赚钱的时候投入大量的技术研发经费等。

另一只手是我们能够看到的政府。政府拥有非常强大的资源整合和调配能力，能够克服市场调节短视的缺点，是主导元宇宙基建工作的最佳方式。从村村通公路、村村通电、村村通网络、村村通快递等的实现，不难看出国家政府的强大行动力。

可以非常肯定地说，未来元宇宙的基建工作一定是以政府为主导的。这种"主导"主要体现在两方面：一方面，国家会通过税收、鼓励高新技术发展等政策，给元宇宙基建中的各企业创造更好的发展条件；另一方面，国家会非常注重未来元宇宙中的虚拟货币以及整个虚拟社会系统规则的建立。

3. 行政区划要作为元宇宙的"基站"

乔姆斯基早在1971年就提出了"去中心化"这一概念,当时互联网还未诞生。我们不得不承认乔姆斯基是一个伟大的洞见者,他预见了未来信息传播方式的变革,也预见了社会去中心化的整体发展趋势。

站在人类发展历史的高度上看,互联网的出现和繁荣发展,不仅与"去中心化"的发展大趋势吻合,还加速了这一趋势的快速发展。

"去中心化"是互联网行业中出现频率非常高的一个名词,那么何为"去中心化"呢?如果我们把整个世界看作一个系统,那么每个国家的政府都可以视为一个个重要节点,在每个国家当中,规模巨大的企业、影响力超群的组织又构成无数个节点,在这样一个分布了众多节点的系统里,每个节点都高度自治,同时节点之间自由联结,节点与节点之间的影响呈现非线性因果关系,每个节点都可以成为某个阶段或某个范围的中心,那么这种开放的、扁平的、弱权威的系统结构,就叫"去中心化"。

自然界的一切结构,都遵循着一个十分质朴的规律:构一个系统,必须要有一个主要支撑，大树有枝干的支撑，才会有繁茂的枝叶；人体有骨架的支撑，才能架构起血管、神经、器官等一系列组织……尽管元宇宙系统并不是一个有机生命体，但它的构成，同样遵循这一基本规律。

如果说，依托互联网"去中心化"而释放出的无数人、无数组织的自由形态，是元宇宙的外围血肉组织的话，那么要想支撑起这些血肉组织，就必然要有一个主干或者说骨架。

合理的骨架，是保证元宇宙辐射全民的重要基础。就如手机信号，今天，我们在绝大多数地区用手机都可以接收到信号，并实现成功上网，正是这些近乎无处不在的信号，让人与人之间实现了"联网"。然而，信号并不是天然存在的，而是依托无数个"基站"实现的。

在青海、西藏、新疆的无人地区，由于没有密集的基站，很多地区是没有手机信号的，也无法通过手机联网。基站的重要作用，不言而喻。

基站的区域分布，直接影响着元宇宙的辐射范围。元宇宙是比互联网更高形态的存在，其联结范围比互联网更广泛，要求辐射全民，每一个人都要纳入进来，因此，元宇宙的"基站"方案就显得非常重要。

我国的"村村通动力电""村村通公路""村村通快递"等工程，已经彻底打通了整个国家最终端的毛细血管，从城市到乡村，从东部到西部，从高山到海岛，可以说今天的中国，其行政影响力遍布到了每一寸土地、每一个人。

行政区划作为元宇宙的"基站"具有天然优势。

一是清晰、完整的行政区划，避免了任何一个地区、任何一个乡镇、任何一个人的遗漏，也避免了不同地区、不同人的重叠，把行政区划作为元宇宙的基站，既可以达到辐射全民的目的，又可以尽可能地减少重复建设、重叠建设导致的浪费，是最为经济的元宇宙"基站"建设方案。

二是元宇宙的纵向联结形态就是从国家到各层级行政单位组成的，将行政区划作为"元宇宙"的基站，可以完美实现从联结形态到基站建设的统一，两者统一且相互匹配的组合，远远要比不匹配的组合，更高效、低耗得多。

三是企业所做的网都是孤岛，元宇宙的繁荣发展，在很大程度上还是要依托政府的鼓励与主导。火车跑得快，全靠车头带，而政府在元宇宙的发展中，就充当着"车头"的角色，把行政区划作为互联网的"基站"，更便于政府充分发挥火车头的带动作用。

如今，随着中国脱贫攻坚的胜利，村村通网已经成为现实，互联网的最后一公里已经打通，元宇宙即将迎来一个快速发展时期，未来已来，敬请期待。

4. 元宇宙的无限极分层、高度渗透

如果元宇宙有性别，那么它的性别一定是"女性"。女人天生具备分享和分工的特性，女人善于组织安排并且构建和谐的环境。所以互联网这种千变万化的形式，以及条条道路通罗马式的传播形式，都为女性的发展提供了更为适宜的环境。

互联网给女性的崛起插上了翅膀，一个个散落在家庭中的女性，在互联网的连接下逐渐形成了一个整体，获得解放的不仅仅是被传统家庭束缚的女性，更是女性整个群体。去中心化、用户体验、互动性、社群化的新型企业之中，很多领导者都是女性。女性借助互联网商业的"东风"，迅速完成了在线上的"熟人"社会搭建工作，在网络上的社群里，没有符号化的陌生人，都是生动而鲜活的人，这种线上熟人圈子、社群生态的形成，主要归功于女性在互联网上的崛起。

女性的解放，反过来又大大增加了互联网联结的丰富性、多样性，且让互联网变得更"人性化"。世界正在重新部落化，这可能是一个社会学上的重大回归性变迁。今天的互联网，正在呈现出越来越多的"母性"特

元宇宙是什么

质,比如包罗万象的包容性、对人的需求高度敏感性、更关注人的情感和精神需求等。

作为互联网发展的高级阶段,元宇宙必然是母性化组织,这是一种多元素聚集的新组织形态,具有裂变的特质,在元宇宙系统思维中,开放的动态的繁衍状态是其发展壮大的基本路径,未来裂变式分层将成为推动元宇宙系统不断发展壮大的动力。

当前,可以预见的是,元宇宙的繁衍和裂变,会从以下两个层面同步进行。

一是从高到低的裂变与繁衍。与互联网的"商业性"主导发展不同,元宇宙联人、联圈、联世界的巨大包容性,决定了它必须要依靠政府的主导来实现基础性建设。因此国家的多级行政区划,将会成为元宇宙从高到低裂变与繁衍的关键。总的来说,元宇宙的裂变式发展,是从政策发布的最高层开始,然后按照行政区划,逐级向下渗透,从省到城市,再到社区、每户家庭,最终渗透到每一个人的身边。

二是从大到小的裂变与繁衍。不管是网络中还是现实中,各种各样的组织与圈子是同步存在于不同空间的,这些组织和圈子,就像原始森林中的植物,其多样化程度是难以想象的,它们有大有小,形态各异,但又和谐地共生。元宇宙要想在这样的生态系统中实现全面覆盖,就要遵循从大到小的裂变与繁衍规律。可以预见的是,元宇宙必然会先在大组织、大圈子中发展,进而逐渐扩散到小组织、小圈子。

如果你认为元宇宙的分层,上到国家层面,下到个人层面就停止的话，那就大错特错了。元宇宙的分层是无限的，从上层来说，随着经济全球化、地球网络村的形成，元宇宙覆盖到全球范围并不遥远，随着载人航天技术的发展，元宇宙冲破地球的阻碍，逐渐向地球之外的卫星、星球等扩展，进而建立更大范围的联结，是完全可能实现的。人类对太空的探索永无止境，那么元宇宙的上层发展也会没有止境。个人是最小的社会单位，但对于元宇宙来说，它的联结单位可以更微观，人体本身就是一个宛如宇宙的庞大未知世界，神经、细胞、基因等等，都可以随着医学研究、生物技术的进步，成为元宇宙中的一个联结节点。

从广义上来说，元宇宙是具备无限生长能力的新事物，它比互联网的发展，界限更宽广，更接近于无限极。最好的发展，就是不设限，元宇宙的发展未来值得期待。

5. 政务、党务管理正在数字化和网络化

从出门逛商场、卖场买东西，到足不出户在网上从海量商品中挑选自己所需；从带着钱包用现金支付到一部手机买遍天下；从写信通过邮局与远方的朋友联系到一个视频就能面对面聊天……互联网给人们的生活带来了翻天覆地的变化。

但互联网带来的变化，远不止如此。在整个社会的背后，政府早就开始了一场拥抱互联网的革命。

政务管理、党务管理早已经在悄无声息中开启了数字化、网络化的新征程，今天，我们已经能够非常清晰地看到政务、党务管理数字化、网络化的部分成果。

一是全国人口户籍信息全部上网，居民身份证、个人护照实现了全国通办，如今，凡是具备联网核查条件的或者以身份证、中国公民护照等身份证件为基础的办证事项，都在逐步实现"全国通办"。

在中国这样一个经济快速发展，且地区发展不平衡的国度，人口流动早已经是一件不可忽视的事情，据相关统计，14亿多人口中，流动人口超过了2亿人，也就是说几乎每7个人当中，就有1个是人户分离的流动人口。

怎样对如此庞大的流动人口进行管理，是对国家政务管理能力的一个挑战。互联网无疑成了一个最高效的管理工具，公民信息网络化，加之手机号码实名制，两者组成的数据网，能够很好地克服人户分离带来的人口管理压力，并大大提升管理效率。

体现到个人身上，从丢失身份证必须回户籍所在地补办，到全国各地的公安机关都可以补办，尽管这只是一个非常微小的变化，但实际上这种微小变化的背后，是国家庞大人口管理体系的一次数字化升级。

二是税务系统、银行系统等随着计算机和互联网的加持，变得更加现代化。刚开始企业开票都是手写发票，随着发展逐渐演变成机打发票，直到如今，电子发票正在慢慢成为主流，甚至在手机端就可以实现开票。从纸质发票到电子发票，不仅仅是节省纸张变得更加环保，还大大提高了企业的开票效率，润滑了整个社会的经济发展。曾几何时，存款、取款等基础性业务，需要持证件与存折在银行柜台办理，今天，连办理各种业务的自助机都在慢慢"失宠"，手机银行、网上银行，很多业务足不出户，就可以通过网络办理。

2019年，一个与广大上班族密切相关的APP横空出世——个人所得税APP，这是国家税务总局开发的自然人网上办税服务平台，从申报纳税到查询纳税记录，再到打印完税证明，自然人足不出户就可以在网上办理个人所得税事项。

个人所得税APP，以支付宝为依托的芝麻信用、银行等金融机构的征信系统……一个基于互联网形成的个人信用系统正在逐渐成形。

三是中国共产党作为一个与时俱进的政党，在互联网带来的数字革命中，我党早已把互联网作为武装自身的工具与武器。学习强国平台、智慧团建系统、线上主题党日活动、线上党课、党员数字档案、团员数字档案、网上党校等，无不昭示着党务与互联网的无缝融合。

6. 数字中国、数字城市，变革已经开始

人类每次重大的技术革命带来的不仅是生产力的飞速进步，还伴随着人们生活方式和社会形态的变化。铁器的发明使得人类社会步入农业经济时期，蒸汽机和各种大机器的发明使用使得人类社会进入工业经济时期，而二十世纪随着计算机互联网技术的发明和普遍，数字经济成为人类社会经济发展的一个新形态。

"数字经济"这一概念，是由新经济学家和商业策略大师唐·泰普斯科特在20世纪90年代提出的，他出版了一本详细论述互联网对社会经济影响的著作《数字经济》，此后，"数字经济"这一概念得以广泛传播。

那么，"数字经济"究竟是什么呢？《G20数字经济发展与合作倡议》给出了这样的答案："数字经济"是指以使用数字化的知识和信息作为关键生产要素、以现代信息网络作为重要载体、以信息通信技术的有效使用作为效率提升和经济结构优化的重要推动力的一系列经济活动。

在我国，互联网、互联网+和数字经济的发展是一脉相承的，互联网

是新兴技术和先进生产力的代表，互联网+则是实现生产力快速发展、经济进步的手段和工具，而最终的结果便是数字经济。

随着数字经济的快速发展，国家的数字化治理能力也在不断提升。早在1998年，美国副总统戈尔就提出了"数字地球"的概念，"数字地球"概念一经提出就迅速引起了我国专家、政府高层的注意，并认为"数字化"将是推动我国信息化建设和社会经济、资源环境可持续发展的重要武器。随即，"数字中国""数字省""数字城市"等概念走入大众的视线，成为炙手可热的社会话题。

经过近20年的发展，今天，一场关于数字城市、数字中国的变革图景已经越见清晰。

从全国、省、地市，到县/区、乡镇/街道、乡村/社区的国家政务数字体系正在快速搭建；基于不同行政区划的行业、企业，正在中国工业和信息化部的推动下"上云"；大大小小的城市纷纷在大力推进智慧城市、数字城市建设；网络扶贫计划、村村通"双电"（电子商务、电子政务）信息化工程……一个数字化的虚拟世界正在逐渐成形，从线上孪生的数字网民，到数字企业、数字城市、数字中国，一切都正往云端汇聚。"云"可容纳海量信息，云卷云舒，可大可小，云聚云散，可合可分。

元宇宙是什么

7. 元宇宙大背景下的"政府"新形态

众所周知,互联网最大的优势就是突破了时间、空间的限制,全世界任何一个人都可以在任何一个时间点通过互联网获得所需信息,与他人建立联系,元宇宙是基于互联网发展而成的高级网络形态,自然也具备这一特性。

元宇宙将会是比互联网更自由、更广阔的存在,在这样的大背景下,"政府"也会变革为崭新的形态。我们可以通过互联网对政府形态的变革,窥见元宇宙时代政府形态变化的一角。

互联网的繁荣发展,带动了政府的"数字化"。总的来说,互联网对我国政府形态的改造,主要经历了以下三个阶段:

(1)简单发布阶段

最初,政府涉足互联网是从简单发布开始的,这一阶段,国家政府的各级部门纷纷开设了自己的网站,并在网站中简单发布相关信息,比如政府文件、办事规章、数据图表、组织架构、人员构成等。在这一阶段,政府的做法对整个社会的影响不大,各类部门的网站关注度、浏览量也都比较有限。

（2）电子政务阶段

在经历了简单发布阶段的应用积累后，政府各级部门逐渐朝着电子政务转变。在这一阶段，政府的网站，真正具备了处理政务的能力，行政办事通道开通了，网络政民互动实现了，居民可以在国家政务网上系统实现社保查询、公积金查询、电子居住证办理、处理车辆违章、申请国家免费婚检孕检等公共服务，企业可以在线办税等。在这一阶段，现实政府的部分政务权力映射到了网络中，一个数字化政府已经初现雏形。

（3）网络化政府阶段

今天，我们正处于传统政府朝着网络化政府发展的阶段。各级政府部门的电子政务范围越来越多，能够足不出户办理的事项越来越多。2019年5月，国家政务服务平台上线试运行，这是全国一体化政务服务平台的总枢纽，平台联通32个地区和46个国务院部门，可以为公民个人、各类企业提供多样化的基础线上服务。一个网络化的政府正在形成。

今天，网络化政府与现实中的政府是同步存在的，线上+线下两种形态并存，未来，随着元宇宙的高度发达，政府的形态很可能会由两种形态并存，发展为元宇宙中的"虚拟政府"一种形态，届时所有政府的权力和政务，会百分之百赋予虚拟政府，人们可以在元宇宙中足不出户轻松完成相关事项的快速办理。让我们期待一个社会治理能力更强、政务决策更科学、政务处理更快速的新形态政府早日到来。

第八章

应用场景之科幻式的医疗与健康

1. 在虚拟空间中实现看病全流程

科学技术的发展一直在推动医疗行业的变革。在中国古代，医生只能通过望闻问切的方式来了解判断病人的病情，X光拍片、血液化验、显微镜观察标本等技术的发展，让医生了解病人病情变得更简单、更容易、更精确。

实际上，技术的发展，也在让一部分原属于医生的职能，渐渐变成每个人都可以自行操作的事情。比如家庭血压计、排卵试纸、早孕试纸、血糖试纸、创可贴、温度计等等，即便是没有经过专业医学训练的普通人，也可以在家完成自测血压、血糖、排卵期、小伤口的包扎等。

中国是一个人口大国，看病难、看病贵，一直是广大民众非常头疼的问题，也是国家政府在极力解决的问题。医院中永远人山人海，排队几小时看病几分钟，由于病人非常多，医生护士长期处在超负荷劳动中，紧绷的医疗系统，让医患矛盾变得尖锐，病人常常认为医生态度不好，多问几句就给脸色，而医生为了尽可能避免被医患矛盾伤及，只能多开检查，让检查结果说话、确诊。

人工智能的快速发展，让我们看到了彻底解决这种问题的一种新可能。AI医生经过大数据的长期学习后，根据病人的检查结果开具处方，给出治疗方案。尽管今天我们在实际的医院中还很难看到AI医生，但相信不远的未来，AI医生会逐渐走进大众的日常生活。

元宇宙时代，一切都是数据，一切都可以在虚拟现实中完成。届时，更加发达的AI技术将可以把线下看病的事项彻底转移到线上。

在虚拟空间中，我们可以完成看诊、确诊、治疗、缴费、医保报销的全流程。看诊的绝大多数都将会是AI医生，它们比人类医生拥有更广博的知识，更强的经验数据积累，这将会使其比会受到情感、疲劳、情绪等影响的人类医生更可靠，由于人工智能可以轻易低成本复制，因此病人无须等待，只要提出需求，就立即会有技术高超的AI医生响应。确诊往往也不需要再像今天一样排队做检查，可穿戴设备等可以实现人体全方位健康数据的快速上传，AI可以根据健康数据进行分析，从而得出个人确诊报告。治疗也可以在虚拟现实中完成，AI医生开具的治疗药物、方法等，会直接链接到现实物流供应系统，足不出户就可以享受送上门的诊治服务。

元宇宙的虚拟现实技术有望让医疗行业迎来一场颠覆性的彻底变革，让我们拭目以待。

2. 在线机器人教练将成为个人标配

从某个角度来说，科学技术的发展，是人类感知的延伸。电话的发明，让我们可以听到更远处的声音；望远镜的出现，让我们可以看到更远处的画面；飞机的发明，让我们可以获得像鸟一样飞翔的能力；潜水艇则让我们能像鱼一样在水底活动……

如果说计算机、互联网的发展是一场扩展人类感知的革命，那么随着它们的发展人类大脑的能力被大大扩展，它们形成了一个人脑外挂的"数字脑"。

今天，我们可以依靠计算机、智能手机轻松完成很多工作。比如借助计算机和打印机，我们可以在十几分钟就完成上千字的写作，这比用笔在纸张上写字的效率高得多；借助计算机的搜索功能，我们可以在一两分钟就查阅到自己所需要的知识，这远远要比我们在图书馆中查找所需知识快得多。

随着计算机、人工智能、大数据等技术的快速发展，人类可以借助"数字脑"这一外挂完成很多自然人不可能独立完成的任务。未来，随着可穿戴智能设备、植入式芯片等的成熟，人类可以从繁重的知识学习任务中解放出来，因为借助"数字教练"就可以快速完成大量知识的储备。

元宇宙时代，在线机器人教练将会成为每个人的标配，传统的教育系统、继续教育系统、技能学习系统等将会逐渐消失，并被机器人在线教练取代。在线机器人教练不仅可以帮助我们掌握知识，协助我们完成任务，还可以提升我们的绘画、音乐等艺术修养。

只要你有需求，在线机器人教练可以随时满足。因材施教将会真正变成现实，每个人都可以获得个人定制化的教育方案、学习方案。

简单来说，元宇宙时代的在线机器人教练，就像是科幻小说中人手一个的"智脑"，它全知全能，并具备娱乐、支付、交友、辅助学习、辅助完成任务等各种各样的功能，相当于是我们人类的一个高智慧管家，对人类绝对忠诚、绝对可靠。让我们期待在线机器人教练的普及。

3. 数字监测，健康每时每刻都清晰

近年来，为了提升大众的医疗服务水平，我国也开始实行"签约家庭医生"制度。所谓"签约家庭医生"，就是每个家庭都有一个固定的全科家庭医生，当遇到身体不舒服、出现疾病症状等情况时，我们可以通过拨

打电话快速联系医生，医生可以通过病人的远程病情陈述，做出一定的医学判断，并给出诸如服用什么药物、是否需要立即就医、需要做哪些紧急处理等诊疗意见。

今天，我们还处于一个医疗资源非常紧张的发展阶段。普通民众对自己的健康状况是缺乏认识的，除了一部分人具有定期体检的意识，慢性病患者会定期监测特定的健康指标外，绝大部分人对自己的健康情况是没有监测的。只有当身体出现症状时，才会寻求医疗系统的帮助。

《黄帝内经》中有云："上工治未病，不治已病，此之谓也。"最高明的医生能够在疾病暴发之前就将其消灭在无形之中。尽管我国早在古代就已经有了这么先进的健康理念，但一直到今天我们依然难以做到对自身健康的时刻监测，"治未病"只能是一个非常美好的愿望。

值得高兴的是，随着人工智能、大数据等技术的快速发展，元宇宙时代将会到来，届时依靠带有人工智能的可佩戴设备，就可以轻松实现健康状况的全方位监测，数字监测获得的所有信息都能够快速实时地上传到自己的元宇宙虚拟现实终端，当数据出现异常变化或可能出现异常变化时，人工智能就会立即给出提醒和注意事项。到那个时代，"治未病"将会成为现实。

可以预见的是，由于健康数字监测的普及，很多疾病可以在早期发现，并做到早发现、早治疗、早康复，有限的医疗资源可以得到更好的调配，罹患重病的人也会大大减少，元宇宙时代的健康监测将会给全人类带来难以想象的福祉。

4. 预防式的"健康保健"成为重点

今天，全世界所有的医疗系统都是以"治疗"为中心的，不管是美国、英国等发达国家，还是非洲、南美等欠发达地区，不管是公立医疗系统还是私立医疗系统，都是如此。

以"治疗"为中心的医疗系统，主要存在以下几方面的缺陷：

（1）医疗成本高

进入医院等医疗机构的人，都是已经出现疾病症状的人，尤其是一些重大疾病，比如肿瘤、癌症等，往往一经发现就是中期、晚期，这就使得医疗机构必须进行成本更高的治疗，大量用药、进行手术、术后抗感染治疗、化疗等等，与治疗普通疾病或早期疾病对比，这种成本上的差距是非常惊人的。

（2）病人痛苦多

一般来说，疾病的潜伏期没有多少症状，疾病早期的症状也相对来说比较轻微，当疾病进入中期、后期，症状会加剧，人需要承受的痛苦也会更多、更难以忍受、更影响生活质量。以"治疗"为中心的医疗系统，难以在早期发现疾病，只能在疾病症状爆发出来后，再施加治疗，因此，病人需要承受的痛苦更多，对身体健康的损害也更大。

（3）医疗资源浪费

如今，不少公众都开始关注医疗系统的"过度治疗"。在以"治疗"为中心的医疗体系之下，医生为了尽可能地保证治疗效果，往往会遵循"多给药"的原则，于是抗生素滥用、静脉注射广泛化、非必要手术等情况就出现了，这就造成了医疗资源上的浪费，从医疗资源的全局配给方面来说，是非常不利的。

未来，随着元宇宙的到来，医疗 AI、可穿戴健康监测设备等将会走进我们每个人的生活，届时，今天以"治疗"为中心的医疗系统也会迎来一场颠覆性的革命，医疗系统的中心将会从"治疗"为主转变为"疾病预防"为主、治疗为辅。也就是说，元宇宙时代，健康保健会成为医疗的重点，这一转变可以克服今天医疗系统中成本高、花费大、痛苦多、医疗资源浪费等问题，还能够从根本上大大提升全人类的健康水平，让我们一起期待那一天的到来。

5. 人类与电子器官将会同步进化

实际上，今天的电脑、计算机、手机等已经成为我们的另一种外延式"器官"。人的大脑计算能力和速度有限，但借助计算机则可以在几秒内完成非常复杂的运算；人的大脑记忆力难免会出差错，还会出现遗忘等情况，但存储在电脑、计算机中的信息永远不会出错，且随时都能通过搜索功能找出来，不会遗失……

电脑、计算机早已经成为人脑的"外挂"，给人们的工作、生活带来了极大的改变，大大提高了工作效率和准确度，可以毫不夸张地说，今天的电脑和计算机就是一个延展性的"电子器官"。

从"助听器""义肢"到"外置骨骼辅助设备"，"电子器官"正在从解决少数残障人士的生活困难方面朝着让人类拥有更多"能力"方面蓬勃发展。

2019年3月27日，上海先进自动化解决方案的全球领导者柯马在上海发布了一款新产品——可穿戴肌肉辅助外骨骼MATE。MATE是一种轻便的被动便携式上肢外骨骼，利用与肩关节平行的机械轴，完全复制操作员肩部的动态运动，从而为操作员提供有效的姿势支撑和始终如一的移动协助，减轻其在重复作业时的负担。MATE 对于重复性且劳动强度大的工种如汽车总装车间、搬运、装配、输送等，有广阔的应用前景。

众所周知，日本的老龄化问题十分突出，65 岁以上的老人约占到该国总人口的 26%，对此日本企业 INNOPHYS 发售可穿戴肌肉辅助外骨骼设备，这项技术可以缓解老年人身体机能的老化，减轻老年人身体的损伤，从而使他们保持独立，提高自身生活质量。

可穿戴 AR 设备、微型医疗机器人定向清理血栓……伴随着科学技术的发展，以及多种多样"电子器官"的多方面的广泛应用，科技生命化的进程被大大提速了。

未来，随着元宇宙时代的到来，人类与电子器官也会在人工智能等技术的大力推动下不断进化，从而更好地提升人类的健康水平和生活质量。

就像自然界的生物一样，技术自身会不断地发展进化。但技术在带给人类便利的同时，也会给人类带来危机，比如"环境破坏""污染"等，这就需要我们赋予技术"人性"。尽管目前我们尚不清楚元宇宙将会给我们带来什么样的弊端，但尽早做好制度设计，防止其弊端造成的影响，是非常有必要的。

6. 虚拟式上班少奔波，工作更轻松

互联网、移动互联网的快速发展，不仅彻底打破了传统商业格局，还彻底颠覆了人们的工作方式。

新型冠状病毒性肺炎疫情蔓延，从旅游、酒店行业，到餐饮、物流行业，再到教育培训、各生产行业等，绝大多数行业都因疫情原因受到了不同程度的影响，在这种情况下，互联网、移动互联网成为逆势增长的发展新引擎，全国学生大规模线上上网课、基于手机智能终端打造的"健康码"体系、直播带货"火"上加火、在家线上办公、线上商务会议、线上打卡考勤……

尽管今天的在线办公工具已经不少，如在线远程会议、钉钉打卡、ERP系统，但绝大多数企业或岗位仍然是不支持在线办公的。

从全世界范围来看，大城市的"通勤"都在变得越来越困难，上班族们在上下班路上花费越来越多的时间，越来越高昂的通勤时间成本，正在让人们的工作变得低效，也让上班族们变得疲惫。疫情期间，迫于疫情的影响，不少人都体会了一把"在家线上办公"的状态，然而人们并没

有觉得轻松,去办公室上班有明显的上下班时间界限,但在家线上办公没有此界限,甚至一部分网友戏称此为"24小时待命",工作时间被迫变长了。

随着元宇宙的发展,虚拟即现实的实现,上班模式也会发生巨大变化。届时,在现实世界中上班与在虚拟世界中上班是完全没有区别的,因此虚拟工作将会成为主流,不管身处哪里、住在哪里,只要拥有接入虚拟现实的设备,就可以随时进入虚拟办公室完成工作任务。可以预见的是,虚拟式工作,可以让每一个职场人都实现足不出户上班,节省了大量时间、精力和出行成本,工作将会更轻松。从工作中解放出来的时间、精力,也能够让我们更好地生活、休闲、娱乐,如此一来,全民的健康状况就会逐渐从"亚健康状态"摆脱出来。

7. 全民医疗数据汇聚,决策更科学

用数据表达生命,早已经不是什么新鲜事。关于用数据表达基因编码,实际上也算不上什么新闻。

数字基因表达谱已被广泛应用于基础科学研究、医学研究和药物研发等领域。那么,数字基因表达谱是怎么一回事呢?

数字基因表达谱，英文是 Digital Gene Expression Profiling，简称 DGE，通过利用新一代高通量测序技术和高性能计算分析技术，全面、经济、快速地检测某一物种特定组织在特定状态下的基因表达情况。

在天文观测、物理、工程等领域，数学一直发挥着非常重要的作用，但在互联网以及大数据技术诞生之前，数学在生命、基因等生物学方面的应用很少。可以说，互联网和大数据技术的繁荣发展，激活了数学在生命、基因等生物学方面的"活力"，在生命信息遗传研究中，数学大有可为。未来，在生命科学领域中，数学与生物领域的合作空间将会无比广阔。

元宇宙时代，数字与医疗、健康的融合是一种必然，每一个个体的数字基因都会纳入元宇宙中，国家可以借助人工智能对全民医疗数据进行汇总、分析，从而做出更科学、更合理的决策。

所谓"决策"，就是通过搜集掌握尽可能多的信息，从而对事物的未来发展情况做出预测，并根据这种预测制定出行动计划。也就是说，我们掌握的信息越多、越充分，我们对事物发展的预测就会越准确，做出的决策也就更合理。

今天，尽管互联网、移动互联网、大数据让政府可以获得更多的全民医疗相关数据和信息，但还远远不够。元宇宙时代，健康监测系统，AI医生将成为每个人的标配，届时所有人详细的健康信息都会生成大量数据，从而大大扩充了信息的丰富度，建立在如此海量、全面信息之上的医疗决策，也必然会更科学、合理。这对于国家的全民医疗、医疗资源投入、医疗基础设施建设、医疗系统的调整等方面的决策是非常有利的。

第九章

应用场景之截然不同的商业领域

元宇宙是什么？

1. 元宇宙将给企业带来什么变化

之前我们购买衣服，需要去商场，而商场的进货往往需要经过几层代理，每层代理都要对服装进行加价，因此，衣服拿到我们手里后，比出厂价会高出很多。现在我们买衣服不仅可以货比百家，而且价格也越来越透明。我们只需要在京东、淘宝、拼多多等电商平台，输入关键词，就会搜索出众多服装，并且能够从众多服装中选择出性价比最高的衣服。

互联网的发展重构了今天所有的商业逻辑和商业格局。元宇宙是互联网的继承者，它所打造的虚拟世界，将会比互联网打造的虚拟世界更立体、更多维、更真实、更富沉浸感。未来，每一个身处商业世界的企业，都将在元宇宙的重构作用下，完成了一轮技术革新，并大大提升效率。

企业组织形态将发生巨大变化。今天，企业最主要的组织形态还是以现实世界中的组织为主、网上组织为辅；未来企业组织可能会在现实世界完全消失，并只存在于元宇宙的虚拟现实中。

供给侧和消费侧将出现新特征、新变化。从供给侧层面来讲，精准性、系统性的特征会越来越明显，供给层面将呈现出越来越精英化的趋势，未来没有创造力的岗位必然会被人工智能所取代。从消费层面来讲，随着商品的极大丰富，买方市场成为决定性因素，人们的消费行为将会越来越模糊，情感对于人们购买行为的影响会越来越突出。

企业内部的管理方式将发生变革。从线下会议室开会，到远程视频会议，再到元宇宙虚拟现实开会；从纸质文件的签字审批到线上全流程电子审批，再到元宇宙中全流程虚拟化处理；从考勤表记录考勤到刷脸打卡、钉钉打卡，再到元宇宙登录打卡；从准点上班制度到弹性上班制度，再到没有明确的上下班时间界限……企业的管理伴随着元宇宙的发展，必将会发生非常巨大的变化。

元宇宙是互联网的高级发展阶段，基于互联网在企业网络上的应用、对企业的影响，我们不难预测元宇宙即将给企业带来的变化。

首先，在元宇宙中，虚拟即现实，现实即虚拟，这会大大降低个人创业的门槛和难度，不必投入很多资金，就可以进入元宇宙的商业领域闯荡一番。此外，将会出现超级个体，在浩瀚的元宇宙中涌现出来的优秀代表，将是比今天的网红更具影响力的存在，他们自带流量和社交资源，成为巨大流量的入口，具有难以想象的商业价值。

其次，元宇宙将告别账号密码，进入无密码时代。今天依托"私域流量""注册登录"等护城河建立起来的竞争优势，在未来的元宇宙时代，将会荡然无存。现在，每一个企业建立起来的网络，都是数据孤岛、信息孤岛，在元宇宙时代，孤立等于自断财路，只有足够开放，才可能获得更多商业机会。花钱买搜索排名，斥巨资买流量将会成为历史。

元宇宙是什么

随着元宇宙的逐渐发展,"万企上云"并不遥远,届时,建设企业网站、开发自用APP等都可以扫进历史垃圾堆,企业、商业只要开通了云终端,接入了元宇宙,就可以获得从网站、网店到社交、移动办公、云广告发布的一站式服务,企业经营成本更低,同时,管理运营效率则大大提升。

2. 元宇宙会给消费者带来什么改变

互联网、移动互联网的快速发展,不仅彻底打破了传统的商业格局,还彻底颠覆了人们的生产、生活方式。未来,元宇宙也会给广大个体消费者带来非常巨大的改变。

传统网络更侧重于解决人的实际需求,比如购物、娱乐、社交、出行等;而元宇宙则侧重于解决人的更高层次需求,比如健康监测、潜能激发、自我实现等。

从某个角度来说,传统网络是更基于商业的存在,不管是京东、淘宝、拼多多等购物平台,还是抖音、头条、快手等娱乐平台,或者去哪儿网、飞猪、滴滴等出行平台,背后的核心逻辑都是商业,这也就注定传统网络会更侧重于去解决人能产生市场价值、经济价值的需求。

而元宇宙是以人为本的存在,人的自我实现等市场价值、经济价值低甚至是没有市场价值、经济价值的需求会被看见、被发掘、被满足，从而创造出一个"各美其美，美人之美，美美与共，天下大同"的世界。

从个体的精神层面来讲，元宇宙可以将智能生命激发到超能状态，也就是说，未来，马斯洛需求层次理论中的最高需求"自我实现"，将会成为轻而易举就可以实现的事情，即便我们只是社会中一个非常普通的个体，也可以借助元宇宙来"自我实现"。届时，"按需分配"将成为可能，每个人都可以获得充分、自由的发展。

从商业层面来讲，元宇宙将会给作为消费者的个体带来一场彻底变革。

（1）沉浸式体验

未来，消费者在元宇宙中可以获得更棒的体验，试吃、试喝、试玩都可以在虚拟现实中完成，足不出户，借助硬件入口就可以逛遍全世界，且消费场景可以实现个性化定制。消费者喜欢什么风格的购物场景，就可以生成什么样的场景，即便是现实中不存在或极为难能可见的场景也可以显现出来，其体验感与现实体验没有任何差别。

（2）即时性满足

未来，元宇宙时代，每个人的需求都会被即时满足，在元宇宙中，一切虚拟都是现实，我们产生的任何一个需求，都可以立即被元宇宙的强大AI快速满足。不必苦苦等待，不必因需求难以被满足而纠结，你所需要的一切都成了一种数据、一种流，即需即有将成为一种普遍现象。

（3）更多的选择

今天，消费者的满足主要依靠强大的工业化大生产，但众所周知，工业化生产也意味着商品缺乏个性化色彩。以房产为例,开发商就这么多,修建出的房子就这些,每个人能够买到的都是在这个范围之中的商品,更个性化的需求难以被满足。元宇宙时代,消费者将面临更多选择,每个人都是生产者,每个人都是消费者,每个人都能够匹配到满足自己个性化、差异化的商品。那将是一个比工业化大生产时代,物质更加丰富、更加多样的新世界。

3. 元宇宙对商业供应链的升级改造

今天,越来越多的企业开始重视供应链建设,并有一批明星企业,借助供应链优势,依托行业运力体系,打造起了一个个规模宏大的商业帝国。每日优鲜、美团买菜、饿了吗、盒马生鲜、京东、顺丰速运等,这些我们非常熟悉的品牌和企业,都是通过依托行业运力体系而形成竞争优势的典型案例。

以每日优鲜为例,这个围绕着老百姓餐桌的电商平台,覆盖了水果蔬菜、海鲜肉禽、牛奶零食等品类,在很多城市建立起了"城市分选中心+社区配送中心"的"极速达"冷链物流体系,可以为用户提供全球生鲜产品"2小时送货上门"的极速达冷链配送服务。

对于每日优鲜来说，供应链就是生命线，没有优质可靠的供应链，就等于直接失去了品牌竞争力，供应链一直是每日优鲜的战略级资源。

在数字时代，供应链效能关乎企业的核心竞争力。今天的消费者们，面对的是海量的商品，在便捷的电商平台上，任何一件商品都可以快速找到同类品、替代品，在这样的大背景下，消费者对商品是缺乏耐心的，谁可以让他们快速拿到商品，谁就占据竞争的主动权，相反那些迟迟不发货、物流异常缓慢、物流出错率高的商家，大概率会被消费者们拉进购物的黑名单。

近些年来，伴随着物流、外卖等行业的快速崛起和繁荣发展，供应链效能获得了极大的提高，市场的流动不再是"泥石流"，而是演变成一种板块运动。

供应链的升级、行业运力的提效，才刚刚开始。元宇宙是包容物联网、互联网的一个综合构架，它将会比互联网更高效，比物联网更贴近人的需求，基于更广泛联结的元宇宙思维，前端的销售只是整个商业链条中的一个普通节点，其背后的企业与企业之间的共生关系才是整个链条中的核心节点。

只有后端的生产、运输能够紧跟销售节奏，才能形成良性发展。快捷、高效、一站式的运力体系才是企业的硬核实力。

在经济全球化背景下，供应链也正朝着全球化方向发展。2020年，天猫联合菜鸟打造奢侈品跨境供应链，部署100多个海外直购仓，建设香港、广州、杭州贵品奢侈品保税仓，并使用智能系统预测消费需求、调度物流资源，构建全球直采、直发供应链体系，让全球奢侈品从 15 到 30 天送达提速到最快 72 小时送达。

未来，运输、仓储等主要物流活动必然会朝着全球化方向发展。元宇宙的快速发展，对于推进供应链全球化、提升行业运力效率，会产生积极作用，其主要有以下几点：

一是元宇宙可以在互联网、物联网与人之间建立更紧密的联结，人的需求成为整个行业运力体系的驱动核心和发动机，一切围绕人形成快速运转体系，人的需求将会被瞬间满足，行业运力体系可以基于元宇宙的海量信息进行分析预测，从而做出提前反应，把需求与满足需求之间的时间压缩到最低。

二是元宇宙可以大大扩展行业运力体系的边界。今天的行业运力，还处于国内较为全面、快速，国际运力相对低效的阶段，元宇宙可以打破国家与国家之间的边界，甚至打通地球与空间站的边界，没有边界的运力系统，必将更加顺畅、更加高效。

三是元宇宙有望打破虚拟与现实的界限，一切"运输"都将成为一种"信息流""数字流"，届时，实际物品的运输也将像网络中的数据、信息传输一样，通过技术解构、技术重组等方式来实现物品的快速转移。科幻走进现实，行业运力的效率将会突破想象。

4. 元宇宙时代的企业营销知多少

互联网、移动互联网的发展掀起了一场营销革命，但今天的互联网营销正在慢慢走进死胡同。

一方面，互联网、移动互联网新增用户见顶，且随着我国人口老龄化程度的不断加深，未来人口总量呈现出下滑趋势，也就是说，网民总量不仅难以再有大幅度增长，反而会迎来一个非常漫长的衰退期；另一方面，人们上网时间基本上已经稳定在了一个比较固定时长的范围内，且随着平台、APP等数量的增多，抢夺流量竞争的加剧，用户在单个应用上花费的时间将会呈现出下降趋势。

就整个大环境来说，互联网、移动互联网的新增用户都已经见顶，但竞争却还在不断加剧，进入市场的企业还在不断增加，流量获取成本水涨船高，并且逐渐超过线下实体店的获客成本，新零售就是一个最好的例子。营销困境成为制约企业发展、经济发展的重要因素。

今天，不管是淘宝、天猫，还是京东、拼多多，除了各自的营销活动，还通过邀请明星助阵、网红直播、赞助节目比赛等方式，进行宣传、营销，其目的都直指流量。各大电商平台对流量的争抢，已经演变成了"军备竞赛"，你敢给用户更多优惠，我就敢不赚钱只赚吆喝，甚至是亏本，一切都为了销售数据好看……营销成本越来越高，互联网曾经的营销优势已消耗殆尽。企业的营销必须要迭代和进化，元宇宙的出现和发展，就为其提供了绝佳的进化土壤。

元宇宙时代的企业营销将会呈现出新特征：

（1）顺应人性

元宇宙以"人"为本，铺天盖地的广告攻势、强制弹出的营销页面，都是反人性的营销，未来，这种粗暴的营销方式将会彻底销声匿迹，依托元宇宙的传播环境，将会出现更贴合人性的营销方式。

（2）创造需求

在元宇宙高度发达阶段，营销的必要性将会大大降低，从产生需求到满足需求的时间间隔会大大缩短，过于短暂的时间，根本来不及通过营销的方式对用户的消费行为产生明显影响。因此，元宇宙时代的营销，其目的不再是宣传产品或品牌，而是刺激受众产生需求。

未来的营销，一定是基于元宇宙"全链路"的营销。用户从产生需求到满足需求完成交易的整个过程，在以元宇宙为媒介的这条全链路中，是可以挖掘出关键节点的，企业只需串联关键节点，就能够大幅降低营销成本，提升营销效率，节约整合资源。如今，一些走在互联网营销前沿的企业，已经开始做全场域和全周期用户触点管理，这可以被视为元宇宙"全链路"营销的雏形。

5. 各行各业与元宇宙的碰撞火花

今天的数字经济，囊括了网上购物、在线教育、远程办公、智慧医疗等各行各业，正在形成基于行业的横向联结系统。不同行业交织而成的横向联结形态，会逐渐构成元宇宙横向框架。

元宇宙应用于各行各业，其并非遥不可及，作为互联网的高级形态，元宇宙伴生的行业形态，主要有以下三大特征。

一是产业数字化、信息化。网络技术的普遍应用和发展使得无线网络、宽带、云计算、芯片和传感器等新一代基础设施得以出现和普及，很多传统的基础设施也在慢慢被互联网技术渗透和改造。今天，数字化的技术、服务、产品仍然在快速向传统产业的各个领域渗透，各行各业呈现出越来越明显的数字化特征。未来，随着元宇宙的发展，产业数字化、信息化的程度将会更深、更系统。今天诸如菜市场、展览等少数被数字化渗透不深、不彻底的产业，也会呈现出高度数字化、信息化的特征。

二是数字产业化。据工信部的介绍，截止到2021年6月底，全国开通5G基站96.1万个，即便是偏僻的农村也可以实现与城市一样的网速，城乡以及各地区之间的数字鸿沟正在逐渐缩小。我国重点推进建设的5G网络、数据中心、工业互联网等新型基础设施，本质上就是围绕科技新产业的数字经济基础设施，为数字产业化提供了强大助推力。5G+产业的应用场景将不断扩展。

三是虚拟与现实融合化。数字技术的发展使得网络系统和物理系统得以统一，其结果就是信息物理系统，简称CPS。这一系统使得我们身边各种物体具有了计算、通信、精确控制、远程协作和自组织功能，实现了计算能力与物理系统的紧密结合与协调。在这一系统的推动下，物理世界、网络世界和人类社会之间的界限越来越模糊，一个网络世界、物理世界和人类社会互联互通的元宇宙新世界正在形成。

如果想更具体地理解元宇宙在各行各业的应用情况，我们可以把今天的"美团"作为一个辅助理解的工具或媒介。

众所周知，美团是我国领先的生活服务电子商务平台，其服务范围基本上涵盖了人们的衣、食、住、行、玩、乐。在美团平台上，我们可以与洗衣店建立联结，完成洗衣、洗鞋、洗地毯、洗窗帘、皮具养护等与"衣"有关的需求；可以与超市、餐馆建立联结，完成买菜、买肉、买水果、买饭、买零食、买蛋糕等与"食"有关的需求；可以与酒店、民宿等建立联结，完成出门后与"住"有关的需求；可以与出租车、火车站、汽车站联结，满足短途、长途等不同的与"行"有关的需求；可以与剧本杀、密室逃脱、轰趴馆、电影、演出、温泉洗浴、各类景点、KTV等建立联结，完成放松、休闲、娱乐、养生等"玩""乐"有关的需求。今天，美团的服务已经涵盖200多个品类，业务覆盖了全国2800个县市区。

元宇宙以"人"为本，凡是人的需求，不管是物质层面的，还是精神层面的，随着元宇宙对所有行业的改造和升级，都可以通过元宇宙迅速获得满足。也就是说，元宇宙将会给我们提供比美团更多样化、更个性化、更广泛化的服务品类，小到自身健康状况监测，大到前往太空旅行，都可以轻松实现。

元宇宙联人、联圈、联世界，其所建立的联结是涵盖天、地、人的立体式系统，因此其服务范围比美团更大。元宇宙的横向联结形态是非常多样的，行业与行业之间，新行业与旧行业之间，行业智库与企业之间，行业与消费者之间……这就注定元宇宙具备应用到任何一个行业的能力，关于元宇宙的行业应用，需要我们发挥更多想象力。

6. 元宇宙给行业管理带来大机遇

元宇宙时代，传统"行业智库"的影响力将会继续被削弱，专家的权威性也将会继续减弱甚至被质疑，越来越多的业内人会在元宇宙发出自己的声音，进而形成影响力，成为新的意见领袖。越来越松散的行业形态，会让行业的管理越来越趋向于寻找一种"动态平衡"。

元宇宙是什么

在多中心的网络结构中，大量的行业从业者会在同时发出不同的声音。不管是在小行业领域，还是大行业的新爆点传播中，信息背后的传播模式与原始部落中女人一边干活一边聊小道消息的模式是一样的，在需求粉尘化的今天，行业管理必须采用化整为零的策略，高远的目标需要打碎，并将其隐藏在细碎的碎片化传播之中，让一个整体的网络来完成目标的整合。

有人担心碎片化时代会让行业管理体系崩塌，甚至不复存在，实际上，这种担心是完全不必要的。元宇宙是整个社会、整个行业的"信息"中枢，像人的大脑一样，具备信息整合的能力和对行业信息进行管理的能力。未来，我们需要面对的是一种新的对抗，即平台内容的"算法喂养"和社群影响者的个性表达之间的对抗，怎样在两者的对抗中，找到一个平衡点，构建起在行业小圈子的号召力和影响力，这才是需要担心和亟待解决的问题。

今天，行业管理体系的联结是通过办公、打卡、即时通信等工具实现的，钉钉具备视频电话会议、商务电话、消息已读未读、团队协同办公等功能，微信也是不少企业召开线上会议的重要工具，但有意思的是，像钉钉、微信这样的应用，是难以搭建行业管理体系的。

2020年，由于新冠肺炎疫情影响，各地纷纷延迟开学，网课普及后，中小学生们也开始使用钉钉打卡，于是钉钉成为他们攻击爆破的头号目标，钉钉评分持续走低，甚至低于1分后被软件商店下架。

微信，虽然不像钉钉一样引发了用户"众怒"，但今天的微信已经成为各种广告、各种微商的集中地，已经没有多少用户会在朋友圈发布自身动态，这样的微信，自然也就难以担负起搭建行业管理体系的重任。

在《微信背后的产品观》演讲中，微信创始人张小龙指出："产品经理不仅应该放弃理性思维，更应该依靠直觉和感性，而非图标分析。产品经理应该是一个文艺青年，而非理性青年。"在张小龙看来，情感的浓度越高，产品的黏性就越大，"一个成功的产品经理，需要在极端现实主义和极端理想主义之间取得平衡，把它们作为一个整体一并接受下来，彻底去除其中的相对性，丝毫不会觉得其中的矛盾和冲突之处。"

同理，元宇宙对行业管理体系的构建，必然不会是依托逻辑和理性来实现的，而是依托人的情感和感性思维。

在虚拟现实领域，逻辑和理性只会离用户越来越远，越来越松散的联结，注定难以发挥管理的职能。情感只能感知、体察和揣摩，却不能通过调研得知。"放弃理性思维"是一种必然，元宇宙以人为本，可以激活人的潜在感性思维，更强调产品的情感属性，更追求产品之于个人品位的意义。如同知名社交软件Facebook把大家联系在一起的纽带不是理智，而是情感一样，元宇宙可以借助情感把企业与企业、组织与组织都联系在一起，行业的管理职才能在无序中以一种有序的状态高效实现。

第十章

应用场景之
文旅行业的颠覆式发展

1. 打造文旅行业新业态

2020年初新型冠状病毒性肺炎疫情暴发，此后该疫情迅速蔓延全球，时至今日，我们已经与疫情共存了2年时间。尽管为了控制疫情，各国政府都做出了多方面的努力，包括研发疫苗、药物，大量制造口罩、防护服、消毒剂等防护用品，对密接人员进行隔离观察等措施，但疫情并没有消失，且很可能会与人类长期共存。

疫情的到来，对不少产业都有非常巨大的冲击，其中文旅行业就是一个非常典型的产业。近年来，随着我国人民收入水平的提高，人们对精神方面的需求变得十分旺盛，在这样的大环境下，文旅行业迎来了一个高速发展的繁荣期。

从针对学生的各类"游学""假期游""名校游""出国游"，到年轻情侣旅行结婚、旅行度蜜月，再到银发人群说走就走的旅行……可以毫不夸张地说，全民都是文旅行业的用户，繁荣的文旅行业也出现了非常多的旅行方式，旅行团旅行、自由行、自驾游、骑行、房车游。

然而，新冠疫情的出现给火热的文旅行业泼了一瓢凉水，绝大多数人因为担心感染风险、被隔离等，纷纷取消了旅行计划，即便还有顾客，但由于各地疫情管控政策的变动等，文旅行业的企业和从业人员，也难以保证其服务的提供。

今天，我们旅行主要还是通过亲身实地的行动，而这种情况下受到疫情、交通、天气等情况影响是再正常不过的事情。未来，随着元宇宙时代的到来，文旅行业将会发生颠覆性的变革。

元宇宙是一个虚拟现实世界，身处其中，虚拟即现实，与我们在现实世界中的体验是没有任何差别的，因此虚拟旅行一定会出现。

未来的文旅行业很可能是基于元宇宙无限丰富的文旅资源的，足不出户就可以游遍大好河山，免除了旅途劳累，省去了交通时间，更重要的是，可以实现超低成本旅行。值得期待的是，元宇宙会大大扩展文旅资源的界限，不仅可以涵盖地球上所有的地点，还可以囊括太空中的人类已发现的星球、人工智能创设出的具有文旅价值的资源等。

不难想象，元宇宙会赋予文旅行业新的巨大生命力，文旅行业的新业态即将到来。

2. 旅游也能够足不出户

如今不少高铁站，已经实现人脸检票，只要刷脸就能够快速进出站，不少高档小区也实现了人脸识别进出、指纹锁进出门等，元宇宙描画的美好图景正在一步一步走进现实。后疫情时代，大力发展数字经济已经成为世界各国发出的最强音，互联网、移动互联网在文旅行业产生的影响正在不断深化。

尽管元宇宙还处于一个萌芽发展阶段，但从今天的文旅行业中，我们已经能够窥探到一些关于虚拟线上游的发展端倪。

目前国内已经出现了 5A 级景区 AR 应用，成立于 2019 年 4 月的方天圣华数字科技有限公司是文旅元宇宙的开创者，同时也是文旅新业态的领跑者。与传统的文旅企业不同，方天圣华以"为往圣继绝学"为己任，一直致力于"让文化更轻盈，让旅行更美好"。该企业 2020 年落地的国内首家 5A 级 5G+AR 元宇宙文旅景区——皇城相府，在 2020 年"十一"假期受疫情影响取消门票的情况下，该景区日均流水较同期售卖门票时有较大提升，并在上线两个月后，使得皇城相府景区在 2020 年全国智慧景区排行榜中从 2019 年的 100 名上升至第 9 名。

景区 +AR 正在引领一场文旅行业业态的新革命。实际上，这种趋势早已经以多种多样的形态融入了我们的生活，故宫博物院、国家博物馆、伟大复兴展览等一大批文旅单位，实际上早就推出了线上展览。

在互联网发展初期，各类文旅单位上网主要是以"宣传"为主，一般是在网站上展示图文资料、活动等。随着互联网和移动互联网的快速发展，原来主要用于宣传为主的网站或平台逐步加入了在线购票功能，一些景区或文旅单位还制作了不少展示类或讲解类的视频，用于服务广大用户。

今天，不少文旅单位的在线展览已经做得非常精美，画面质量堪比一些不错的游戏画面，页面简洁，前进、后退、选择地点都能轻轻松松完成，更有意思的是，还伴随有音乐或讲解，其沉浸度虽然比不上大型网游，但已经越来越接近。一个数字化的文旅产业体系正在逐渐成形。

尽管如今的在线展览还只是作为实地游览的一种辅助或补充，但随着虚拟现实技术的发展，随着元宇宙时代的到来，虚拟游览将会逐渐超过实地游览，成为文旅行业的主流，未来，每个人都可以通过设备接入元宇宙来实现虚拟旅行，足不出户就可以看遍全地球甚至是太空的景色。

3. 虚实结合，更多资源，更好体验

如何增长见识，关于这一问题，中国古人早就给出了答案——"读万卷书，行万里路"。读书是补充理论知识、文字知识的过程，可以让我们积累更多的知识，行万里路可以增加人的实际见闻，将所学、所积累与实际结合起来，两者一虚一实，就能够让人更好地增长见识。

文旅行业的本质是通过体验来加深人对文化的印象或感知，在旅行的过程中，人的情绪和心情可以得到陶冶，见识得到增加，心胸也会随之变得更宽阔。

元宇宙是一个虚拟现实世界，现实世界中的文旅资源都可以通过数字原生技术以虚拟的形式呈现到元宇宙中，也就是说，元宇宙中的景点可以做到与现实世界景点一比一还原，这可以看作是"实"，为了给用户提供更好的体验，元宇宙中的人工智能还会提供非常多的增值产品，比如全程AI机器人陪同游览、AI智能匹配真人游伴、特约场地举办活动等，这些服务并不是在现实世界景点发生的，而是只存在于元宇宙中的，可以看作是"虚"。

虚实结合，意味着现实世界中的景点，可以通过元宇宙和人工智能实现再创作、再加工、再创新，从而形成更加丰富的、更加多样的、更加新颖的资源，并给广大用户带来更好的体验，即便是想坐在皇帝龙椅上COS一把当皇帝的感觉，其也能轻而易举做到。发生在我们身边的案例，由方天圣华数字科技制作运营的山西晋城皇城相府及四川阆中古城中的场景还原让游客穿越时空与先人对话，去探究为什么人类的思想能传承，这个过程当中变迁和曲折以AR的形式生动呈现。皇城相府，漫步其中的陈廷敬老人家陪同游客一起穿越时光，看世间沉浮荣辱，忆人生悲欢离合。再没有比宅邸主人更好的分享者，来分享见证大宅兴衰。以极富科技感的方式感受传统文化浸润其中，旅行体验也更丰富更有层次和深度。阆州古城，表面看去平平无奇的塑像场景化，张飞随时带你征战沙场。于成人这是一场文化探寻之旅，于孩童这是传统文化真实生动的交互。与历史人物张飞虚拟形象合影，与历史时刻隔空相望，与内心世界的深度觉醒映射，游客接触文物但不毁损破坏文物。

在现实世界中的文旅景点，为了更好地保护文物，不少物品是不能触碰、拍照的，而在虚拟即现实的元宇宙中，触碰、使用虚拟中的物品，是不会对其造成任何影响的，且同一个物品，可同时被无数人单独触碰、使用。元宇宙将会给这些容易被损毁的文物赋予新的生命。文物加元宇宙的探索，让游客以后在家中就可以像亲临现场一样看文物，除了感受物理空间上的细节，更多的可以通过增强现实的方式去了解发生在文物上的历史故事。方天圣华推出的古建结合元宇宙的形式，以增强现实的方式呈现同一时间不同地区的建筑差异，国内外对比，内部结构细微差别。以古建筑为载体，如画卷般将文化历史的演变步步呈现。园中一角的春夏秋冬四季变化，虚拟形象人物导览近在咫尺。无论晴天雨天，可以看到每一个人物和山峰，随时随地观赏云海。

未来，在元宇宙中，我们可以用非常多样化的视角去体验文旅资源带来的魅力。以故宫为例，今天我们只能走在故宫中，聆听讲解来体验，但未来元宇宙时代，我们可以选择成为一只猫，像故宫中的猫一样巡视整个景点，与其他猫咪打打闹闹，接受工作人员的投喂，与参观的人进行互动；可以化身为某个历史时期的小宫女，跟着大部队完成日常来了解那个时代的人与事；可以COS成皇帝或后妃、公主等任何一个自己感兴趣的人，去经历他们的经历，从而更加深刻地了解历史人物与当时社会；还可以化身为工作人员，通过完成工作人员的日常工作，来了解"内部人"的小秘密……

在元宇宙的数字世界里，一切皆可以COSPALY，一切文旅资源都可以成为我们COS的选项，一切文物都可以成为我们手中随时可把玩、使用的物品，让我们期待元宇宙赋予文旅行业新的生命。

4. AR广泛应用，文化产业的数字化

2021年是VR/AR"产业规模化元年"，11月17日，高通CEO在2021年投资者日上表示，Meta旗下的Oculus Quest2销量已达到1000万台。不仅对于Meta来说，对于整个VR/AR行业生态来说，这1000万销量的里程碑意义重大，1000万用户是达成"生态系统爆炸式繁荣"的关键门槛。

对于VR/AR，绝大多数人都不陌生，作为元宇宙的基建层技术，AR的增强现实技术已经在教育科普、金融、影视、文化旅行等行业取得了积极进展，并出现了不少新应用场景。尤其是对于文化产业来说，AR+文旅，已经算不上什么新鲜事。

在文化业内人士看来，AR赋予了文化新的生命力，让文化产业朝着数字化的方向实现了大跨步式发展。对于今天的年轻人来说，他们是网络世界的原住民，经过了各类3D游戏、动漫、短视频的洗礼之后，他们对摆放在博物馆里的"文物"是没有多少兴趣的，只有拥有更好的"体验"、更新颖数字化的展示方式才能吸引年轻人的眼球。

弘扬中华传统文化的前提，就是激起年轻人对中华文化、对文化承载品，即文物产生兴趣，AR技术可以让摆放在场馆中的静止文物"活起来"。2019年，深圳关山月美术馆就举办了一场别开生面的数字文创展览，这场展览的重头戏是国家宝藏系统和国学非遗系列的AR互动产品，短短两个月时间，就吸引了超过6万人前来参观，AR互动产品成为该美术馆最受欢迎的项目。

这种用科技讲文化故事的做法，彻底改变了传统博物馆的陈列展示方式，参观者只需戴上AR眼镜就可以穿越到很久以前的历史场景中，文物化身为场景中的线索，展示出一段"活"场景，或者借助AR技术再现非遗的发展以及制作过程等，技术把文物扩展为画面，更具吸引力、更具感染力，也更能够推动中华传统文化的发展与传承。

目前，AR在文化产业的应用，总的来说，具体体现在以下四大方面：

（1）AR助力景区内容升级

随着全国特色景区、旅游小镇等的大规模建设，今天很多景区都陷入到了"同质化"的竞争当中，在这种情况下，如何吸引更多消费者成了一个难题。

AR助力景区掀起了一场内容体验的革命，方天圣华公司基于AR技术在2022年初打造了中国四大古城之一的四川阆中古城元宇宙景区里的"张飞巡城""贡院考试及作弊手段还原""落下闳春节文化"等增强游客体验感的内容。新疆火焰山景区的西游记AR互动，在"火焰山"+西游AR互动的加持下，使景区的内容特色更加鲜明，而且容易在互联网上形成二次传播，有助于景区形成专属的 IP。AR 技术对于景区的内容升级、文化打造、IP 建设具有重大的推动作用，且目前已经进入了实际应用层面。

（2）AR 助力景区打造导览新方式

如今，不少景区都纷纷借助 AR 技术来导览，通过微信的小程序，广大消费者就能够获得虚拟导游讲解服务。此外，不少展品的说明牌上都附上了二维码，手机扫一扫就可以观看"活"起来的文物，还能购买到相关的伴手礼、明信片等周边文创产品。还有一些景区配备了智能机器人，可以承担问路、咨询、引领等任务，给游客的游览增加不少科技感和新鲜感。

（3）AR 助力景区优化用户结构

新时代的火炬已然举起，万人已在挥手接力。而这就意味着用户的代际更替，现在及未来的用户是元宇宙原住民，对科技的接受度和感知要求都发生了颠覆性的改变。文旅业态也要顺应变化服务用户，AR 方式所吸引和凝聚的用户就是新业态所需的优质服务对象，从触达方式到消费过程到复购，整个过程已被重塑。

（4）AR 助力景区丰富深化交互体验

旅游或者旅行为用户交互过去的空间可能是触感，但在今天在未来交付的一定是触动心灵高度共情的深刻体验。以方天圣华联合黄山打造的元宇宙空间为例，开发一款 NFT 属性的家族密码，以 30 年、50 年甚至百年为单位，每一代人都可以来留下痕迹，每一段艰难的路程留下的痕迹与感悟，在未来的当事人或者下一代回来重温或解读时，就不仅仅是自然风光的观赏，而是以自然环境为载体承载人类传承与存在的深刻体验。与黄山共百年，一个家族的传承由黄山来守护，对个人成长、对婚姻、对财富、对传承的思考绵延百年，是很让人动容的。这样的交互，用户难以拒绝，而元宇宙的呈现方式让这一切找到了最好的载体。

此外，AR与文化产业的融合，还很容易成为人们关注的焦点，对于提升景区知名度、影响力有着立竿见影的营销作用。

5. 拥抱元宇宙，解决文旅行业痛点

近年来，文旅行业获得了快速的发展，对GDP的贡献率逐年升高。随着我国社会主要矛盾从人民日益增长的物质文化需求同落后的社会生产之间的矛盾，转变为人民日益增长的美好生活需要与不平衡不充分的发展之间的矛盾，享受文化盛宴、出门旅游逐渐成为普通人日常生活中的一部分，成为每个人的刚需。

尽管今天的文旅行业在经营上越来越规范，从业人员专业技能也越来越高，服务水平也在不断提高，但总的来说，依然存在诸多痛点：

（1）导游质量不一

黑心导游强制购物,是近年来非常常见的新闻。随着文旅产业的大爆发,旅行社之间也陷入了"价格战",为了吸引尽可能多的游客,不少旅行社都纷纷推出了低于成本价的低价团,通过引导游客在旅游过程中进行购物来达到不亏本并赚钱的目的。作为旅游行业的一线服务人员,导游则直接担负着引导游客购物的目的,因此就出现了各种各样的问题,导游辱骂不购物游客、旅游大巴停在购物点不买不走等。诚然,这种现象有其行业的原因,但也体现出了导游服务水平参差不齐的痛点,没有遇到一个好导游,整个行程都不开心,导游服务水平已经成为直接影响文旅行业发展的大问题。

(2)景区淡季经营难

仔细观察全国各地的景区,很容易发现景区都有淡旺季之分,旺季是最适合旅游的时间段,也是人流量最多的时间段,但一旦到了淡季,则会迎来游客锐减、收入锐减的状况,即便是像北京故宫这样级别的人文景观也是如此。然而景区在淡季的成本,并不会由于游客少就有所降低,一方面是照常支出的成本,一方面是淡季的超低收入,这给景区的正常经营带来了非常大的挑战。与此同时,在旺季蜂拥而来的游客,对景区的接待能力和服务质量也提出了更高要求,客流爆满造成的体验差、景区管理混乱等,也会给景区带来负面口碑。

拥抱元宇宙,是解决当前文旅行业痛点的明智之举。在元宇宙当中,人工智能会逐渐代替真人导游,可以为广大游客提供质量优异的服务,服务质量水平更可控,且可以根据个人需求提供个性化的导游服务。在元宇宙当中，景区的淡旺季将会彻底模糊化，游客再多，强大的人工智能、大数据等技术也能够让虚拟景区保质保量地提供服务，即便是游客稀少时也不怕，毕竟虚拟景区一经建成，其维护费用要远远比现实景区的运营费用低得多。

6. 5G+AR智慧景区，新业态已然到来

互联网、移动互联网的快速发展，将我们带入到一个数字经济时代，各行各业都迎来了一场数字化变革，文旅行业也不例外。近些年来，数字景区、智慧旅游一直都是文旅行业的热门词，也是不少景区的发展方向。一大批景区都在紧跟发展潮流，全面推进数字化转型，5G+AR 的智慧景区已经不是什么新鲜事，文旅行业的新业态已然到来。

在上海市开展的数字景区评选中，将数字景区认定为运用物联网、大数据、云计算、人工智能等技术，实现旅游要素数字化、运营管理智慧化、旅游服务个性化，建立有效统一的管理、服务营销等信息系统的一类景区，景区可以明显提升游客的满意度和体验感，可以实现景区的可持续性发展。

如果说数字景区是景区在互联网、移动互联网技术加持下的数字化，

那么智慧景区则是建立在数字景区基础之上的再一次业态升级，是数字景区进化后的状态。在北京联合大学教授张凌看来，"数字景区和智慧景区都是指景区信息化建设。数字化是智慧化的基础，智慧化是数字化发展的高级阶段，和城市的智慧治理密切相关，是个系统工程。"

如今，不少景区已经越来越重视用户"沉浸感"的提升。以位于上海的中共二大会址纪念馆为例，展馆就运用了沉浸式影片、实境还原、历史图文等手段，还原了当年中共二大会议召开时的场景，为了更好地提升沉浸感，人物背景墙还专门使用了双层夹胶通电玻璃。

5G+AR，无疑可以大幅度地提升用户的沉浸感，一些走在行业前列的景区已经开始尝试用这种新的方式来提升游客体验度和服务水平。被评为"全国历史文化名城"和"中国优秀旅游城市"的国家5A级旅游景区阆中古城就是一个经典的例子，在与方天圣华合作打造元宇宙文旅行业新业态时迸发出让人惊喜的火花。

阆中古城致力旅游业发展，年接待游客量超千万，现在当五湖四海的游客来到阆中古城，已经可以让其不局限于传统旅游的走街串巷和景点游览，5G+AR技术在这座千年古城的贯穿，让现代技术和传统文明交映生辉。

旅游业态发展为阆中古城注入了鲜活的血液，其现在最大程度保留了这里的原生态风貌，全木结构的瓦屋，古色古香的门窗，廊柱檐头的灯笼，迎风招展的幌子，这些都足以令游客的眼睛闪出新奇的光。在5G网络信息高速发展的时代，AR拉近了人们与历史的距离，一部手机便可足不出户实现云游华夏的梦想，阆中古城与方天圣华的合作中，强势借助"云游华夏APP"推出了5G＋AR功能，让游客通过网络实现云游阆中，其功能主要有以下几点：

AR 360°实景地图：如果你有一颗想出游的心却奈何时间不允，那么你通过手机便可看见阆中古城的一街一景，一院一物，阶沿上的雕花木椅，花窗前的青藤瘦竹，屋檐下的盆景古树，活现出一幅幅恬淡雅致、淳厚古朴的民俗画卷，微风吹过老人的脸庞，日光洒落的树影婆娑，休闲享受的时光，足不出户就可感知这里的慢生活。

AR 虚拟导游：AR 导游带你游览阆中古城，通过 5G+AR 畅游"三面江光抱城郭，四围山势锁烟霞"。山围四面，水绕三方，嘉陵流碧，锦屏如画，南宋陆游诗云："城中飞阁连危楼，处处轩窗对锦屏"，阆中美景如云。

AR 场景还原：未见其景，已闻其声，透过小小的手机屏幕，蜀汉名将张飞带你巡视他的王国，去倾听那荡气回肠镇汉中、护蜀地的英雄事迹；让落下闳为你拨开命运扑朔迷离的迷雾，与四时和其序，探寻生命的正气所在。辅佐刘邦平定三秦的巴人领袖范目，唐代兄弟状元尹枢、尹极，北宋"兄弟状元、父子同朝"的陈氏父子，南宋抗金骁将张宪，元末蜀中"花木兰"韩娥及民主革命时期的将军……都将在古城实地背景中一一展现在你的眼前。

AR 互动小游戏：动动手指，还可参与 AR 小游戏，张飞接牛肉，他会告诉你阆中城南天下稀，古城之内，美食美酒好去处，好玩好住哪里去。

5G+AR，让你轻盈地享受这厚重的阆中古城文化，为文旅插上科技的翅膀，让你的数字世界与现实世界相连，踏遍万水千山。

雁荡山风景区也是一个非常典型的例子。

作为国内 5A 级景区，雁荡山明确提出了"5A+5G"的口号，打造了以 AR 实景交互可视化管控平台为基础，运用 AR 技术、GIS、人工智能、无人机、大数据、物联网、5G 网络、云计算等目前最前沿的技术，构建出了雁荡山智慧景区大脑，包括雁荡山智慧管理、智慧服务、大数据中心、大数据分析四大模块，真正实现了"一部手机游雁荡、一块大屏看雁荡、一个平台管雁荡"，一个以云平台大数据为支撑的智慧景区呈现到了我们眼前。

智慧景区是比数字景区更先进的存在，雁荡山的智慧景区 AR 管控平台，对景区内的客流变化、交通管理、门票管理、安全管理、地质资源等实现了 24 小时监控全覆盖，基于大数据建立了应急指挥调度系统，在 AR 管控平台的加持下，景区的调度更科学、更合理、更高效。

可以说，5G+AR 不仅大大改变了广大游客的游览体验，也大大方便了景区的精细化管理，未来随着 AR 技术的进步，景区的管理也必将会越来越智能、越来越自动。

第十一章

应用场景之打破虚实界限的社交

1. 元宇宙带来现实生活场景的虚拟化

社交是维持一个人身心健康的重要活动，也是不可缺少的社会活动。元宇宙在社交领域中的应用，也会带来一场新的革命。

今天的互联网时代，我们不仅可以快速与远方的人完成通话，还可以看到对面的实时视频，社交效率得到了进一步提高。值得一提的是，互联网让"陌生人"社交变得越来越主流，在QQ、微信等社交软件中，每个人的好友列表中可能都有一些从没见过面、也没那么了解的陌生人，网络让我们的社交活动突破了时间、空间的限制，我们可以随时随地与地球上持有智能手机且能上网的陌生人，建立联系，形成社交关系等。

未来，元宇宙会彻底打破虚实之间的界限，届时人与人之间的社交活动也会变得不一样。

由于人们沉浸在元宇宙中的时间会越来越长，在现实世界中的时间和精力就会随之减少，因此我们的主要社交场景将会从以"现实世界"为中心、网络为辅助，逐渐发展到以"虚拟世界"为中心，现实世界为辅助，不过元宇宙是一个虚拟即现实的世界，在虚拟世界中的一切社交活动都是真实的，与现实世界的社交并没有什么不一样。

现实生活场景会逐渐虚拟化。元宇宙发展前期，所有现实生活中的人、物、场景都会通过数字化的方式映射到元宇宙中，这将是一个规模浩大的系统工程，届时我们生活中的实际场景将会逐渐虚拟化，随着元宇宙的发展，借助数字原生技术得到的虚拟化场景将会成为人们的主要社交场景。

人对社交的场景需求会变得越来越个性化。今天，孩子放学前的学校门口、公园中聚集锻炼人群的小广场、一边吃饭一边交流的餐厅，都是非常常见的社交场景。在现实世界中，人的社交场景相对来说是比较固定、有限的，未来随着元宇宙时代的到来，虚拟化的社交场景将会非常非常多样化，人对社交的场景需求会朝着越来越个性化、小众化、定制化发展。

2. 虚拟现实的工作空间，工作更高效

在智能手机普及之前的上个世纪，上班时间与下班时间是有着非常明确的界限的，要想找到一个已经下班的人回办公室加班，需要花费的时间、精力等成本都比较大，那时下班就是彻底下班了，下班的职场人不必再惦记工作的事，也不用担心有人找。

但智能手机的普及和互联网的快速发展,让上下班的时间变得越来越模糊,QQ 工作群、微信工作群、ERP 工作平台等,即便是下班时间也要挂着,并随时留意群里的信息,领导有指示,还要快速响应。下班时间,接到领导、同事、客户的工作电话更是司空见惯,我们的私人生活时间被严重剥夺。

如今,越来越多的年轻人意识到了这一点,没有明显上下班界限的工作,彻底榨干了人的精力和时间,一到周末就"宅"在家里什么也不干,成为很多人的常态。

出现问题,就要解决问题,很显然我们的私人生活时间不可能一直这样被无止境地挤压。值得庆幸的是,元宇宙的虚拟现实空间与人工智能技术,让我们看到了未来职场人的另一种新的生活方法。

在元宇宙的虚拟现实中工作,上班族可以省掉通勤的时间、精力和金钱,可以自动屏蔽掉我们不想立即处理的各项杂事,防止因工作时间被切割而造成的效率低下。另一方面,人工智能将会彻底帮助我们从被压榨私人生活时间的困境中摆脱出来,具备学习和成长能力的人工智能,可以掌握很多工作技能,能够代替我们处理相关工作消息。届时,下班后,我们直接选择人工智能代管模式就可以轻松地享受个人时间,不再有任何心理负担、精神压力,也不必在下班时间再面对工作和难缠的领导、老板。

元宇宙的虚拟现实工作空间,还会拥有很多智能化的小工具,比如工作台面自动整理功能,可以减少我们自己整理保存文件的工作量,比如重要工作提醒功能,可以防止我们因忙乱或遗忘等原因而耽误重要工作,还可以对自己的虚拟工位进行个性化的装饰和装修，为自己营造一个良好、愉快的工作环境。

3. 虚拟场景让学习、教育更身临其境

2020年新型冠状病毒疫情的爆发，让义务教育系统把课堂都从线下教室搬到了线上直播间，全国各地的学生都体验了一把"线上教育"。

针对这场义务教育大规模改"线上"的变化，老师、学生、家长各方的反应和感受都不相同。对于家长来说，自己居家线上办公与孩子居家线上上课叠加，很多人都陷入了"混乱"之中，一会是孩子的"叽叽歪歪""形形色色"的需求要满足，一会是同事、领导、客户等铺天盖地的工作信息，此外还要负责家务、一日三餐等，也正是因为如此，孩子们返回学校上课后，无数家长们恨不得放鞭炮庆祝。

对于学生来说，线上上课是一场和惰性的拉锯战，由于不用出门上学，只需线上点名或打卡，睡到上课时间，躺在床上打卡，然后开着视频课去做其他事是常规操作，甚至一部分孩子连打卡都直接省略了，老师反复电话督促才能上线听课。诸如体育课、手工课等，孩子们直接化身成视频创作者，需要通过录制完成任务的视频来交作业。

元宇宙是什么

对于老师来说，从三尺讲台直接化身网络主播，讲课虽然还是像原来一样讲课，但由于看不到同学们的实际反馈，对教学效果的判断会失去准确度，对同学们是否在认真听课会无从判断，在这种情况下老师更像是一个单方面的信息输出者，缺少了反馈的闭环，教课效果大大降低。

新冠疫情的发生，让我们提前经历了一场大规模的线上教育演练，虽然线上教育有很多缺点，但目前看来，基于互联网、移动互联网的直播教育课程，其实际效果大体还是尽如人意的。这也从侧面论证了大规模实行线上教育的可行性。

未来，随着元宇宙的到来，虚拟即现实，现实即虚拟，届时在虚拟场景中进行学习，将会彻底克服今天视频直播课程存在的弊端，真正实现与在现实世界学习一模一样的教育目标。

特别值得提到的是，今天一些涉及特殊场地的学习，由于这样或那样的原因，往往是先模拟学习，然后再到真实场景中学习，比如划船、跳水、体操等体育运动，为了尽可能减少这些运动给人体造成的损伤，都是先地面模拟学习，再进入实际场景，飞机驾驶员、航空人员的培养更是如此。此外，还有一些诸如滑冰、滑雪等需要特定环境的运动或技能，虚拟现实场景可以为我们提供更方便、更低成本的学习条件。

像如各种各样的实验、机械技术、人工智能技术等，在现实世界中的教育投资是非常巨大的，需要投入大笔资金采购专门的设备等，且学生操作不当时可能会面临一定的风险，元宇宙的虚拟场景则可以解决这一弊端，其有两方面的好处，一方面在虚拟现实中不管如何操作，学生都不会遭遇真正的危险，另一方面数据就可以生成各种各样的设施、设备，教育硬件的配备成本上会更低。

4. 数字孪生：联人，联圈，联世界

元宇宙是一个虚拟现实世界，数字孪生技术可以架起虚拟世界与现实世界的桥梁。借助数字孪生，每个人都可以在元宇宙中产生一个映射的数字人，每个圈子都可以在元宇宙中产生一个映射的数字圈，虚拟即现实，现实即虚拟，一切事物都可以借助数字孪生呈现在元宇宙中，这就使得元宇宙联人、联圈、联世界成为可能。

元宇宙的发展，遵循从"混沌"到"天地分开"的规律，随着发展阶段的趋于成熟，逐渐形成清晰的分层。

第一层：联人

20世纪末，摩托罗拉发明的"大哥大"进入中国，成为"有身份"的象征。彼时，"大哥大"价格高昂，只有极少数人才买得起、用得起，由于用户少，智能终端设备价格贵、入网资费也贵。直到手机、入网资费逐渐平民化，互联网和移动互联网才得以快速繁荣发展。和移动互联网的普

及一样，元宇宙"联人"的门槛条件也是广泛普及的可用于联结的"智能终端"。

2021年，VR、AR硬件设备的出货量已经超过1000万台，未来随着人民收入水平的不断增长，以及智能终端设备的价格逐步走向平民化，元宇宙联人的范围将会不断扩大，直至覆盖全球所有自然人以及全球所有的AI。

"联人"是元宇宙联结中的最基础形态，也是"联圈""联世界"实现的前提。

第二层：联圈

圈子并不是伴随着互联网而诞生的，俗话说"物以类聚人以群分"，打破时间和空间限制的互联网，让任何一个小众的圈子都可以与同样的小圈子形成聚合，从而形成了"小即是大"的情景，每个小圈子都有大能量的流量分布格局。

你喜欢看剧，我更愿意刷抖音；你没事就翻看小红书，我闲暇选择看知乎；你看各种各样的手工达人，我粉各式各样的动漫人物……在互联网的海量圈子中，不同的人的内容偏好不同，于是便以"兴趣点"为核心，形成了一个个内容圈子。

此外，还有基于企业、组织等形成的行业圈、工作圈、职业圈，基于现实社交形成的同学圈、亲戚圈、邻居圈、亲子圈等。

可以毫不夸张地说，每一个人都逃不开"圈子"。元宇宙的第二层形态就是"联圈"，可以在形形色色、各种各样的圈子之间建立多元、立体、充分的联结，打破互联网形成的圈子隔离、信息孤岛，从而更高效地配置资源。

第三层：联世界

今天的元宇宙还处于萌芽时期，还不具备联结全部世界的能力。但我们已经能够看到元宇宙"联世界"的发展端倪。

近几年来，社交媒体已经悄然无息地渗透进了我们每一个人的生活，推特、脸书、微信、微博、QQ、MSN……从中国到西方，各个国家的人们都在被互联网包围着。社交媒体不仅是大众表达自己、发出自己声音的工具。

5. 虚拟中的动作，会对现实产生影响

元宇宙是一个虚拟现实世界，每个自然人在元宇宙中都有一个与之对应的虚拟形象。我们可以借助虚拟形象，在元宇宙中休闲娱乐、学习知识技能、参加社交活动、购物经商等。虚拟即现实，我们在元宇宙虚拟世界

中的举动，也会给现实中的我们带来一定的影响。

（1）情感永远是真实的

我们在元宇宙中玩游戏，通过游戏获得的体验是真的，开心的、郁闷的、失败的、成功的、失落的……所有的情绪都是真实的，我们内心中的情感也是真实的，尽管我们是在元宇宙构建出的虚拟现实中玩游戏。元宇宙中虚拟形象所经历的一切，也是我们所经历的一切，虚拟形象本身不具备情感，它的所有情绪和情感表达都是基于我们现实世界自然人的情况，这就意味着我们的真实情感与元宇宙中的一切虚拟活动是紧密联结的。我们在虚拟中做什么、准备做什么、做到了什么程度，都会对现实世界中我们的情绪、心情和大脑活动产生一定的影响，且这种影响是不可能被切断或阻隔的。

（2）记忆永远是真实的

人的记忆并不会因为虚拟世界还是现实世界而有所不同，就像我们通过互联网交的网友一样，我们会像记住现实中的朋友一样记住自己的网友，并会与对方交流获得友谊体验，关于双方的友谊也会被储存到我们的大脑中。同样，未来我们在元宇宙的一切行动，都会储存到我们的记忆当中，随着时间的流逝，一些不重要的事情会被遗忘，但是一些记忆深刻的事情会被永远记住。人的记忆对人的行为、价值观是有一定影响的，这种影响是潜移默化，也是难以量化判断的，就好比一个三两岁的孩子，没有什么关于危险的记忆，因此他们胆子非常大，什么都敢碰，多么危险的事情都敢做，而拥有了更多记忆的成年人则往往会丧失这种无所畏惧的品质。

（3）影响经济状况

元宇宙时代，虚拟世界与现实世界的货币将会实现互兑、互通，我们在元宇宙中的经营性行为，为他人提供服务等行为，都可以获得一定的虚拟货币。而虚拟货币则直接对我们现实中的经济状况产生影响。同理，我们在元宇宙中消费掉的货币，也会让我们的总资产减少。尽管元宇宙是一个虚拟空间，但我们在其中所产生的所有消费行为、赚钱行为都会对现实中我们的经济状况产生影响。

（4）影响其价值观

人身处在社会当中，接受什么样的文化洗礼，就会形成什么样的价值观，即便是价值观相对稳定的成年人，价值观也并非一成不变的。未来，每个人都将生活在元宇宙的虚拟世界文明环境中，届时我们每个现实世界中的人，其价值观也都会受到元宇宙虚拟数字文明的影响，从而形成新的社会思潮。

总的来说，人在元宇宙虚拟现实中的动作，一定会对现实产生影响，这种影响将会以何种形式出现，一切还要等待时间的答案。

6. 虚实之间的界限必然会越来越模糊

随着 VR、AR、人工智能、大数据、区块链等技术的快速发展，虚与实之间的界限必然会越来越模糊。就像今天，我们、互联网与现实工作生活的关系一样，我们在现实工作中离不开计算机和互联网，我们在现实中的生活也处处有互联网与智能手机的痕迹，现实与网络，你中有我，我中有你，两者互相包裹，形成了一种微妙的平衡。

元宇宙时代，虚拟现实会给我们的工作、生活、休闲娱乐等带来翻天覆地的变化，到时候我们沉浸在元宇宙的时间很可能会比我们今天沉浸在互联网中的时间要多，随着元宇宙中虚拟文明的建立，一个基于元宇宙虚拟现实的新数字文明将会诞生，但与此同时，现实世界中的文明也不会消失。

虚拟现实中的文明与现实世界中的文明，会逐渐相互包裹，形成你中有我、我中有你的模糊平衡状态，虚拟和现实的界限有望彻底消失，成为我们生命的一部分。

基于元宇宙的虚拟文明是一种崭新的范式，它具有强大的包容性，不会对现实世界中的文明产生排斥，也不会参与其中的争端，更不会强制文化输出给现实中尚未接入元宇宙或已经接入元宇宙的人。

元宇宙对于文明的融合会起到非常大的促进作用。不同文明之间信仰不同，不同文明之间需要互动。区块链可以为不同文明之间提供一个信任机制。人工智能可以为各文明之间的博弈提出公平的解决方案，达到纳什均衡。

当各文明之间可以和谐地为全人类的发展一起合作努力时，文明之间的真理追求回归认知探索领域。

元宇宙提供了一个温和的文明融合的平台，其文化内核是包容、和而不同。费孝通老先生曾经意味深长地讲："各美其美，美人之美，美美与共，天下大同"。感觉到是美好的适合的，就纳入自己的文明中，不能融合的部分可以留给时间慢慢来化解。

第十二章

应用场景之
游戏行业进入AR/VR时代

元宇宙是什么

1. 游戏是最接近元宇宙的行业之一

Roblox,一个玩家可以自建内容的游戏平台,也是第一个将元宇宙概念写进招股说明书的游戏平台。基于此,有人粗暴地认为:元宇宙就是像Roblox打造出的3D虚拟世界平台,或者是具备高沉浸式的VR游戏,尽管这种认识并不准确,但游戏确实是目前最接近元宇宙的行业之一。

作为最接近元宇宙的行业之一,游戏行业也经历过一系列内容形态的变化与升级。从最开始的计算机单机游戏、手机单机游戏,比如贪吃蛇、俄罗斯方块、扫雷、扑克牌,到联网游戏,比如王者荣耀、吃鸡等,以及今天游戏行业的主流3D游戏、多人实时在线对战或交互类游戏,这一演变态势,可以帮助我们合理推演超级元宇宙中的游戏内容形态的演变趋势。在游戏行业的业内专业人士看来,游戏的未来发展会经历以下四个阶段:

(1)第一阶段——单机体验式的内容

在这一阶段,单机游戏会加入沉浸式属性,如互联网时代的单机游戏,在VR、AR等技术的加持下,升级为沉浸式的元宇宙游戏。就好像互联网早期的游戏都是游戏机或单机游戏一样,目前元宇宙处于萌芽发展阶段,市场上大部分 VR 游戏都是单人体验模式。

(2)第二阶段——小范围的交互内容

在这一阶段,单机 AR 游戏,会逐渐加入社交的属性,慢慢实现小范围的交互。不过,今天的通信网络、技术还难以承载太多人进行实时互动,游戏行业要想进入这一阶段,还有待于通信网络和相关技术的发展。

(3)第三阶段——大规模多人涌现式体验

当技术发展到一定阶段后,游戏也会变得越来越成熟,可以同时承载越来越多的人进行交互,但在这一阶段,互动性还是只停留在小范围的、简单的交互上。

(4)第四阶段——多人实时在线、可交互的元宇宙

高度发达的元宇宙,所对应的元宇宙内容也是终极的,实时刷新、实时互动、仿真高度会给用户带来非常好的沉浸式体验画面效果。在这一阶段,游戏可承载同一空间内的多人实时在线,而且可以实现非常复杂的交互。

不同的文化传承对内容的创作影响不同,游戏也属于对内容进行创作的一种形态。中美两国在文化传承上的明显差异,也带来了当下游戏内容的模型差异。

中国文化土壤着眼于扩大人的世界观后,再修正人的价值观进而改变人生观,因而中国电影、游戏注重叙事技巧、情感表达本身。而美国电影、游戏相对其他国家的特殊之处在于对各种科技呈现和使用,这源于美

国文化更注重科学探险与探索创新,其较早就将数字技术应用到了内容创作中,20世纪70年代的《星球大战》标志着美国好莱坞电影进入数字化时代,目前美国已经将游戏引擎等技术的发展优势广泛应用于影视内容创作之中,如《头号玩家》利用了游戏引擎 Unity 的虚拟摄像机功能进行动作捕捉。

2021年11月 Unity 宣布以16.25亿美元收购视觉动画公司 Weta Digital(曾为《阿凡达》《指环王》《金刚》等影片制作特效);12月华纳兄弟与游戏引擎厂商 Epic Games 合作推出《黑客帝国:觉醒》。目前包括 Unity、Epic(虚幻引擎)在内的游戏引擎厂商正在推动影视创作与数字化手段结合方向上的探索,这为我们研究未来游戏内容的发展趋势提供了一种新思路。

2. 让游戏的体验变得更棒

元宇宙是一个虚拟现实空间,高度发达的元宇宙时代,可以真正做到虚拟即现实、现实即虚拟,这将会让游戏的体验变得更棒、更有吸引力。

元宇宙时代,AI 将会代替今天的游戏开发人员,成为其游戏的主要内容生产者和维护者,强大的人工智能以及大数据、算法支持,可以大大提升游戏的实时交互和沉浸式交互需求。

今天，当同时在线人数过多时，游戏网站往往会出现"崩溃""延迟""卡顿"等情况，这是由于后台系统难以支撑其大量实时交互需求引起的。元宇宙时代，AI 生产的内容可以满足大量实时交互的需求。众所周知，越是高度仿真的场景和交互，其背后的数据量就会越庞大，大量实时交互需求的满足，有益于快速实现现实内容到虚拟内容，虚拟内容根据反馈再调整等工作，AI 的强大生产效率，可以成为元宇宙游戏实时交互需求满足的强大基础和动力。

尽管目前已经出现了 AR 类游戏，但其沉浸感还处于比较低级的阶段，未来 AI 生产的内容可以满足完全深度的沉浸式交互需求。元宇宙的互动内容并不是静止的，而是身临其境的，尤其涉及游戏玩家可以与之交互的角色时，未来的一大趋势就是使用 AI 技术提供交互式叙事。AI 技术驱动的内容创作具有很多优点，一是能够给创作者带来全新的数字体验，二是能够减少游戏制作的成本、时间等。

特别值得一提的是，目前的游戏市场上，游戏中的剧情和 NPC，基本上都是由游戏开发商提前制作好、设定好的，作为玩家，即便是花费了很多人民币的大玩家，也无法左右主线剧情，而元宇宙时代，每一个游戏玩家都有双重身份，其既是游戏的体验者也是游戏内容的生产者，每一个玩家都拥有非常高的自主性。元宇宙将虚拟世界与玩家社区结合，打造出了一个真正的小型社会，所有参与游戏的玩家行为都会对游戏社区的发展产生影响。

元宇宙是什么

此外，在元宇宙中，每个用户都被赋予了"币权"，互联网时代的游戏，其经济系统是封闭的，游戏资产并不真正属于玩家，而是游戏平台说了算，且游戏资产仅限于游戏内流通。从本质上来说，基于互联网的游戏，玩家的游戏资产、游戏身份是不存在的，玩家对其没有任何主导权，主导权为游戏运营商所有。但与互联网不同，元宇宙是"去中心化"的，每个身处元宇宙的人，都能拥有属于自己的资产。

总之，元宇宙会给我们带来更加精彩的游戏，更加令人着迷的游戏体验。

3. 人人都是游戏主角

游戏是互联网中较为高级的内容形态，我们预计游戏类的场景将是元宇宙的呈现方式，与游戏相关的技术，如支持游戏程序代码与资源（图像、声音、动画）的引擎等开发工具，也同样适用于元宇宙。

基于互联网的绝大多数游戏，其内在的逻辑基本上都是：游戏开发者已经提前设计好了关卡、难度、场景、游戏任务、游戏道具等，玩家只能在游戏提供的人物名录中选择其中一个感兴趣的人物，然后通过带入到该人物参与到游戏当中。

这种内在逻辑，使得游戏中的玩家被多种因素限制，自由度不高，只能在游戏开发者设计好的框架中玩耍。如果说游戏也像一部戏剧一样有主角、配角，那么在基于互联网的游戏中，主角则是游戏开发者指定的，玩家只能被动地接受安排而无力反抗。

基于 AR 游戏的元宇宙，则会彻底改变这种游戏的内在逻辑，在元宇宙里，人人都是游戏的主角，甚至只要我们自己愿意，我们还可以成为游戏的创作者，成为游戏中的"上帝"，如何造物、如何制定游戏规则、如何布置游戏场景，一切都在我们自己手中。对于广大游戏迷来说，这种"爽感"要比普通的互联网游戏有吸引力得多。

以目前最接近元宇宙的游戏 Roblox 为例，它是自带引擎的 UGC 游戏平台，在制作方面，与主流游戏的区别在于以下两点：

（1）UGC 玩法设置

当前主流的游戏开发模式为 PGC，以 Roblox 为代表的 UGC 平台为游戏行业的内容创作方式带来了全新想象空间，开放的创作生态也促进了用户口碑加速增长。目前，Roblox 已成为全球最大的多人在线创作游戏平台。有关数据统计显示：截至 2020 年底，Roblox 运行着超过 4000 万款游戏，拥有来自全球 170 个国家地区的超过 800 万的开发者与内容创作者。

（2）自带引擎工具

Roblox 为平台内的开发者与玩家提供了一套简单易上手的游戏制作工具 Roblox Studio，大幅降低了创作门槛。相较于其他主流游戏开发引擎（Unity、Unreal），Roblox Studio 编辑器易用、编程语言简单；同时将底层技术封装，允许开发者使用更易上手的 Lua 语言进行编码，直接操作 3D 环境，极大地降低了编程门槛，也最大程度上保证了内容的质量。

与其他平台相比，Roblox 平台生态的特殊性在于开放性，每个玩家都可以参与游戏内容的创作，这种开放性极大地促进了游戏内容的繁荣，而且能够对尚未加入游戏的开发者和玩家产生极大吸引力，再加之虚拟与现实互通的经济系统，每个参与游戏内容创作的人，都可以获得一定报酬，这极大促进了生态的活跃性与创造者的积极性，形成了一个正反馈循环。

4. 游戏中的货币将与现实货币统一

近年来，随着网络游戏、电玩游戏的快速发展和普及化，即便是不玩游戏的大众对于"游戏币"也不陌生。尤其是在各种各样的游戏宣传中，"无须充值""提现秒到账"等广告词可谓是耳熟能详。

目前，绝大多数游戏都是自带"氪金"系统的，支持玩家通过人民币充值购买道具获得更好的游戏体验，这就变相使得大火游戏中的道具或者游戏等级较高的账号具备了市场交易价值，从而出现了有偿游戏代练、有偿售卖装备、有偿转让等级高的账号等现象。

游戏中有货币系统，并不是什么新鲜事，可以说是比较普遍的，但并不是所有游戏中的货币都可以市场化，其往往只能用人民币购买游戏币，且游戏币无法兑换为人民币。

未来，随着元宇宙的发展，虚拟与现实之间的壁垒会被彻底打破，虚拟世界中的货币与现实世界中的货币将会互兑互通，元宇宙游戏中的货币将与现实货币统一。我们可以从目前比较接近元宇宙的游戏中看到一些发展端倪。

以 Roblox 为例，其游戏内部就设有一套"虚拟经济系统"，这一经济系统有两大特点：

一是玩家拥有真实的"币权"，玩家花费现实货币购买虚拟货币 Robux，并在游戏中通过氪金（pay to win）、UGC 社区（pay to cool）等体验场景、皮肤、物品等，而平台收到 Robux 后会按一定比例分成给创作者及开发者。Robux 可以与现实货币兑换，买入比例约为 R\$1=\$0.01，换出比例为 R\$1=\$0.0035。最终开发者将获得 20% 的分成，平台则获得 55% 的分成。

二是将玩家的游戏时间货币化，即玩家使用时长被折算成开发者的分成收益。因此，相较于其他 UGC 生态游戏，Roblox 具备更活跃的创造者经济。

游戏内的资产，一般情况下只存在于自己所在的服务器。一旦要去别的服务器，已拥有的资产是无法带走的，一切就得从头再来。而通过区块链技术，游戏资产的跨服务器转移已经成为现实。

网易推出的伏羲通宝就可以帮助玩家进行游戏资产的跨界转移。伏羲通宝具有可以分布式存储于不同游戏中的特点，是基于区块链智能合约生成的创新性游戏内物品，它打破了同一游戏不同服务器之间的壁垒和不同游戏世界间的壁垒。我们可以把伏羲通宝看作一个不可伪造、不可篡改的游戏道具，可以作为一般等价物用于在不同服务器与游戏之间进行游戏虚拟资产流通的介质。在游戏世界中，伏羲通宝的诞生，标志着虚拟资产在产权史上的确权，从此游戏玩家的虚拟游戏资产，将得到真正意义上的终极保值。

5. 参与游戏也是一种重要的生产力

试想，在一个温饱尚未满足的人面前，是食物、衣服等物质有吸引力，还是元宇宙虚拟现实更有吸引力呢？元宇宙时代的到来，一定是建立在大众满足温饱等物质基本需求基础之上的，只有大量普遍的精神需求，才会让元宇宙的沉浸式体验具备强大的吸引力。

元宇宙时代，是一个物质极大丰富的时代，是一个人工智能技术高度发达的时代，是一个人们的时间、精力被人工智能大量解放出来的时代，届时，整个社会的矛盾会发生根本性的变革，满足人们的需求将变得轻而易举，发展的最主要矛盾将是制造需求。

元宇宙时代，参与游戏也会成为一种非常重要的生产力。

（1）游戏可以创造需求

未来，人们在参与元宇宙游戏的过程中，会激发出多种多样的需求，比如游戏人物的个性化形象设计、游戏场景的个性化布置、在参与游戏创作中的技术需要、在提升游戏技能时的学习需要等等，每一款元宇宙游戏都伴随着大量的需求产生，人工智能可以以游戏作为切入口，收集广大玩家的需求，并以需求为中心，推动元宇宙虚拟世界的发展，推动人工智能技能上的升级、改善等。

（2）游戏成为经济的一环

事实上，今天的游戏已经成为经济活动中的重要组成部分。中国游戏市场经过十几年的发展，已经成为一个规模不小的产业，据相关数据统计，2020年，中国游戏市场实际销售收入超过2700亿元，且保持高速增长态势。巨大的产业规模背后，有着不少的就业市场。

未来，随着元宇宙相关技术的不断发展，虚拟现实沉浸式游戏将会再次激发中国游戏产业的发展潜能，推动游戏产业进入新一轮发展。元宇宙时代，游戏与经济将会更加紧密地融合在一起，你中有我，我中有你，因此说参与游戏是一种生产力，也就顺理成章了。

（3）游戏技术的普及化

游戏是元宇宙时代到来的冲锋队，游戏中所运用的虚拟现实技术、区块链技术等都是元宇宙的底层基础技术。我们普通人参与游戏，推动游戏技术的不断发展、体验感的不断提升，实际上也是在为元宇宙添砖加瓦，此外游戏中的技术还可以广泛普及应用到各种各样的行业或场景中,从而带来更多的正面收益。

6. 游戏将会被元宇宙赋予社会意义

今天,人们一提起网络游戏,第一印象往往是"玩物丧志"。实际上,游戏除了能够给我们带来轻松、愉悦的休闲体验之外,还能够给我们带来很多社会意义上的成长;学生通过游戏可以获得更广阔的视野,培养一种崭新的思维方式;成人可以通过游戏练习自己的应变能力和反应能力;老人可以通过游戏保持大脑的活跃,降低罹患老年痴呆的概率。

游戏与人类是共生的,从这个角度来看,游戏从来都不只是游戏,而是有着一定社会意义的活动。

未来,随着元宇宙时代的到来,游戏将会被元宇宙赋予更多、更复杂的社会意义。

(1)游戏与社交

《堡垒之夜》已经实现了与社交活动的深层次绑定,从这款游戏中我们不难预测:未来元宇宙将会赋予游戏社交功能。

《堡垒之夜》是目前最接近"元宇宙"的系统,它已经不完全是游戏了,还是人们使用虚拟身份进行互动的社交空间。

2019年2月,棉花糖乐队举办了《堡垒之夜》的第一场现场音乐会;4月,漫威的《复仇者联盟:终局之战》在《堡垒之夜》提供一种新的游戏模式,玩家扮演复仇者联盟,与萨诺斯作战;12月,《星球大战:天行者的崛起》在《堡垒之夜》举行了电影的"观众见面会",导演JJ Abrams接受了现场采访。

(2)游戏与经济

在元宇宙中,每个人都是游戏的创作者,可以通过参与游戏内容的创作来获得一定的经济报酬,赢得游戏玩家的认可,建立起自己在元宇宙的影响力。同样以《堡垒之夜》为例,游戏中的经济活动非常活跃,每一个玩家都可以根据自己的意愿,或是创建设计数码服装,或是创作数码表情、游戏情节等,通过邀请玩家、出售来获利。

(3)游戏与社会治理

游戏是一种宣泄不良情绪的绝佳渠道,合理运用游戏,对于未来维护元宇宙的整个治理以及现实社会的治理是有积极作用的,游戏可以合理地宣泄冲动和负面情绪,从而有效降低犯罪率、减少社会治安事件发生等。

后　记

抓住机遇，拥抱元宇宙

今天，互联网的发展已经陷入了内卷化的负向循环，不同形态的内容，在商业化、信息分发等方面的内核逻辑走向已高度一致，在用户体验、内容载体、场景、传播、交互等方面都进入了瓶颈期。

曾经互联网是先进生产力的典型代表，但今天，互联网已经走下了这一神坛，互联网的内容形态对用户的吸引力在不断下降，短视频的风口过后，下一个吸引力的增长点在哪里？

不管我们是否愿意承认，一个事实摆在我们眼前：经典互联网在时间性上已达极限。元宇宙为经典互联网增加了空间性维度，它将赋予用户时空拓展层面上的全新体验、价值，在这个过程中，为用户创造沉浸式、交互式、更多感官维度的体验将是元宇宙的技术主脉络。

基于元宇宙对用户体验维度的增加，其孕育出的新内容形态非常有望具备"碾压式"的竞争力，成为未来社会的主流。

此外，高度发达的元宇宙，还可以将已有智能生命激发到超能状态，实现人体内部、人与人、人与自然之间的物质、能量、信息交流、转换，融合虚拟的、真实的世界为一体，更大限度地整合资源。

未来已来，要想抓住即将到来的新一轮发展机遇，就一定要敞开胸怀，勇敢拥抱元宇宙！